JN195463

スピーカートレーニングマニュアル

大勢の前で話さなければいけないあなたへ

石井光枝 Mitsue Ishii

監修 遠藤貴則

法廷臨床心理学博士・
米国統合心理学協会式NLPマスタートレーナー

F
フローラル出版

まえがき

「伝わらない！」「動いてくれない！」というお悩み、解決します!!

はじめまして！　株式会社Earth space代表取締役の石井光枝と申します。これまで私はライフコーチ、メンタルカウンセラー、セミナー講師として活動し、数千人以上の方の人生を好転させるお手伝いをしてきました。

おかげさまで、活動開始から1年で年商は4倍となり、現在はさらにその数倍まで成長することができました。このように急速な成長を遂げられたのは、アメリカで長年研究されている「人前で話す力」、いわゆる「スピーチ力」をアップさせる専門的なトレーニングを受けたことが大きかったと思います。

さて、最近親しい経営者の方たちからこんな悩みを相談されることが増えています。

「いくら言っても、社員に話が伝わらないんだよ……」

「うちの社員はみんな指示待ちで、ぜんぜん動いてくれない……」

また、お付き合いのあるセミナー講師や講演家、学校の先生から次のような質問や愚痴を聞かされたりもしました。

「なんで、石井さんの講演会はあんなに盛り上がるの？」

「石井さんのセミナーを受けた人はどんどん行動するし、結果も出してるよね？でも、私のセミナーの受講生は……」

「みんな、すごく集中してあなたの話を聞いてるけど、なにかコツがあるなら教えて！　私の授業中、子どもたちがぜんぜん話を聞いてくれなくて困ってるの……」

ここに挙げた経営者やセミナー講師、講演家や学校の先生は、いずれも素晴らしい知識や能力、経験を持っています。それらを伝えて相手の力になりたい、良くなってもらいたい、と本心から考えています。

しかし、それがうまくいかずに「いくら言っても伝わらない」「どれだけ懸命に話しても相手の行動につながらない」と悩んでいるわけです。これはいったい、なぜなのでしょうか？

ほとんどの日本人は「正しい話し方・伝え方」を知らない

結論から言うと、私たち日本人のほとんどが「正しい話し方・伝え方」をしていないからです。言い換えれば、「相手に伝わる話し方」「相手が行動したくなる伝え方」を知らないのです。

一方、スピーチ先進国のアメリカは違います。なんと日本の幼稚園にあたるプレスクールから、クラス全員の前で「自分の好きなおもちゃ」について紹介する「シェアリング」というのをやっています。

そして小学校高学年になると、本格的にスピーチや議論の方法を学びます。中学・高校はもちろんのこと、大学での授業も基本的に教師や生徒同士の対話やプレゼンテーションで進められます。そんな環境で鍛えられ、自然に「どんな話し方だと相手に伝わるか」「どう言えば相手は動いてくれるか」を身につけているわけです。

また、欧米の経営者や政治家、ビジネスマンや教師は専門のコーチから「スピーチ（話し方・伝え方）」を学ぶのが当たり前です。

有名なところでは、演説の名人と言われるアメリカのクリントン元大統領、オバマ元大統領、イギリスのブレア首相は全員、スピーカー・コーチをつけていました。

つまり、「伝わらない・動かない」といった悩みは効果的な「話し方・伝え方」を学び、使うだけで解決するのです。というわけで、この本は数名〜数百名、それこそ数千人単位の人の前で話す機会がある人のために、スピーチの本場アメリカで研究されてきた世界基準の話し方・伝え方を紹介することをメインテーマとしました。

もちろん、それらを身につけるためのトレーニングもありますから、ぜひチャレンジしてみてください。本書のテクニックをマスターすれば、驚くほど話が伝わるようになり、聞いた相手は喜んで行動し始めるでしょう。

ここで、「私は政治家や講演家ではないから……」と思ったそこのあなた！　すでに新型コロナによるさまざまな制限も解除され、職場で直接人と関わる機会が増えてきました。

経営者や教育関係の方はもちろん、ごく普通の会社員でも朝礼や各種ミーティング、客先でのプレゼンテーションなど、月に一度くらいは人前で話す機会があるのではないでしょうか？

ですから、本来は社会人の一般教養としてスピーカー（話し手）の基礎知識を身につけ、トレーニングも積んでおくべきなのです。

ところが、これまでの日本では、そのような機会は学校にも職場にもほとんどありませんでした。その結果、多くの人が何の知識もないまま大勢の人の前で話すことになり、「伝わらない」「聞いてもらえない」と苦しんできたのです。

でも、大丈夫！　本書にはスピーチの本場アメリカで研究されてきたスピーカーのためのノウハウやテクニックが、たっぷり盛り込まれています。本書を読みながらトレーニングすれば、必ずあなたは大勢の人に「伝わる・動いてもらえる」話し方を身につけることができるはずです。

「話し手」が変われば、日本はもっと素晴らしい国になる

私は、この本を多くの人を導き教えるリーダー（経営者、政治家、教育関係者）のために書きました。なぜなら、リーダーの話し方ひとつでフォロワー（社員や生徒など話の聞き手）の知識習得や情報の伝達、モチベーションが大きく左右されるからです。

どんなに素晴らしい内容であっても、話し方・伝え方がまずければ台無しです。どれくらい台無しかというと、三つ星レストランのご馳走にゴミをぶちまけて「さあ、召し上がれ！」というくらいです（笑）。これでは聞き手が話を理解しようとか、行動しようとは思えませんよね？

少子高齢化やGDP世界第4位に転落、円安やインフレで生活が苦しい……など暗い話題が多い最近の日本だからこそ、リーダーの話し方・伝え方を変えなければなりません。

日本のリーダーが本書のテクニックを使い、多くの人に自分の素晴らしいノウ

ハウを教え、やる気を引き出し、行動させることができれば、日本はどんどん明るく元気な国になると思います。

私は、本書がその一助になることを心から願っています。さあ、一緒に世界基準のスピーチ・テクニックを学んでいきましょう！

※本書を読み進める上での注意

本書のスピーチ・テクニックには、それぞれ土台となるテクニックがあります（たとえば、「B」というテクニックを使うには「A」というテクニックを身につけている必要があるなど）。本書の項目はその土台となる順番に並んでいますから、飛ばし読みせず、最初から順番に読んでくださいね。

大勢の前で話さなければいけないあなたへ
〜スピーカートレーニングマニュアル〜

contents

C O N T E N T S

第2章 世界の講演家が必ず身につけている基本中の基本

CONTENTS

第3章 お手本は「できる上司」の話し方

第4章 その動き、聞き手のテンションだだ下がりです！

CONTENTS

第5章 感動は科学で作り出せる

第1章

「本当に伝えたい！」と思う人が持つべき心構え

話し手の心構え1

「伝わらない」「動いてくれない」と悩んでいませんか？

「人民の、人民による、人民のための政治を！」

（第16代アメリカ大統領・リンカーン）

「私には夢がある！」

（アメリカ公民権運動リーダー・キング牧師）

「私は人々の心の中の王妃でありたいと思っています」

（イギリス王室・ダイアナ妃）

海外には、こんな歴史に残る名スピーチが数多くあります。特にダイアナ妃は、世界中の女性の憧れでしたね。まさに彼女は時代を超えたアイコン（存在そのものがメッセージ性を持つ人物）でした。

一方、日本ではあまり人の心を動かし、歴史に刻まれるようなスピーチを思いつきません。多くの日本人にとって「人前で話をする」イメージは、ダラダラと長い「校長先生のお話」でしょうか？　もしくは結婚式でダジャレを連発し、会場を凍らせるオジサンかもしれません（笑）。

これは本当にもったいない！

日本には素晴らしい技術や経験を持っている人がたくさんいるのに、人前で話すための訓練が足りません。ビジネスや教育のプロとして、世界では常識のスピーチに関する知識がないのです。その結果、社員を動かすことができなかったり、子どもたちのやる気を失わせたりしているのです。

本書の世界基準の話し方・伝え方を身につければ、そんな状況が一変します。複雑な内容を完全に理解させることもできますし、話を聞いた人が自発的にどんどん動けるよう、やる気ＭＡＸにすることもできるでしょう。

「伝わらない」「動いてくれない」原因は……「話し手」にある！

さて、社員や受講生に対して「伝わらない」「動いてくれない」「聞いてもらえない」と嘆いている経営者や教育関係者の皆さんに、本書で話し方・伝え方を学ぶ上でハッキリ言わなければならないことがあります。

気を悪くされるかもしれませんし、ここで本書を読むのをやめてしまう人がいるかもしれません。しかし、それでも必要なことなので……正直に言いますね？

それは、**相手が「話を理解できない」のも「行動できない」のも、すべて話し手のあなたに責任がある!!!**ということです。

本書のテクニックを身につけるには、この点を心に叩き込まなければなりません。経営者が社員に話をする。チームリーダーがメンバーに指示を出す。育児や教育の現場で子どもに何かを教える。そんなとき、話し手の私たちは「自分が気持ち良くなるため」にしゃべっているのではなく、「相手が得たい結果を得る」ために存在します。

ところが、ときどきいらっしゃるんですよ。本人は気持ちよくしゃべってるけど、ぜんぜん相手に伝わっていない人。セミナー講師とかで「こっちはこんなに一生懸命なのに、どうして伝わらないの？　どうして動いてくれないの⁉」と思っている人です。

そういうスピーチをすることを、私は「スピーチ・オナニー」と呼んでいます（セミナー等で下ネタを出すと喜んで覚えてくれるので、本書でも使わせていただきます。ご了承ください！）。

こういう人は聞き手に話が伝わらなかったり、聞き手が結果を出せないと、それを「やる気がない」「頑張りが足りない」と相手のせいにします。違います。ぜーんぜん違います！

私が「社員に想いが届かない！」と嘆く経営者のスピーチの現場を見せてもらうと、「……（それやったらダメ〜！）」と叫びたくなることがこれまでに何度もありました。

話している内容はともかく、立ち姿・ジェスチャー・視線など、あらゆるものが相手の力を奪う無言のメッセージになっていたからです。人間の「無意識（私たちが意識できない脳の働き）」は、それらのメッセージを的確にキャッチしてしまいます。つまり、聞き手は話し手のせいで本来もっている理解力や行動力を発揮できなくなるのです。

私はこのような話し方を「旧時代の話し方（ディスパワー《相手の力を奪う》・スピーチ）」と呼んでいます。その一方で、話し方によって内容の理解を助け、モチベーションを爆上げすることも可能です。そのような話し方は「新時代の話し方（エンパワー《相手に力を与える》・スピーチ）」と呼んでいます。

ある裁縫教室の講師の事例ですが、その人はどんどん生徒が辞めていくので困っていました。原因は、講師が裁縫の技術を教えることばかりに熱心で、「裁縫がうまくなるためのマインド（考え方）」を生徒の脳にインプットすることができていなかったせいでした。

そんなところまで責任持てないよ、と思いますか？　いいえ、生徒の無意識に裁縫がうまくなるためのマインドをセットすることは可能です。これは単なる話し手の技術の問題だからです。

他にも、結果を出せない、行動できないセミナー受講生に「前にも言っただろ！」「どうして行動しない！」と怒る天才肌のセミナー講師。たしかにノウハウは一流かもしれませんが、話し方・伝え方が間違っていました。

ノウハウを生徒の脳にインストールし、どんどん行動できるマインドをセットする……言い換えれば、スキルを紹介するだけでなく受講生がスキルを使えるようにするところまでが、プロの「話し手」であるセミナー講師の仕事なのです。プロならば、プロとしての責任を引き受けなければなりません。

そんなわけで、本書は「伝わらない」「動いてくれない」「聞いてもらえない」と泣き言をいう経営者や会社の管理職・チームリーダー、教育関係者のお尻を叩く本です（笑）。本書のノウハウを学んだら、もう2度とそんな泣き言をいえないようになります。その覚悟が無い方は、ここで本を閉じてくださいね！

世界基準のスピーチ

話し手側の「伝える・動いてもらう・聞いてもらう」責任を自覚しよう

話し手の心構え２

あなたの「矢印」はどっち向き？

人前で話すとき緊張する人、いますよね？　私のエンパワースピーカー・トレーニングというセミナーに来てくれた、ある銀行員の女性もそうでした。彼女は普段から声が小さく、人前に出ると固まってしまう……という人だったのです。

このような場合、多くのスピーチ教室やスピーチ講師は「緊張をとることはできません」とか「堂々とステージに立っていられるのは性格・才能です」と伝えています。そして、緊張をごまかすために「積極的にジェスチャーを使いましょう」とか「舞台上を歩き回りましょう」などと教えているのです。

しかし、緊張をごまかすために大げさなジェスチャーを使ったり、ステージを歩き回ったりするなんて意味がありません！　それどころか、すべてのジェスチャーや話し手の動きは聞き手の無意識に影響しますから、百害あって一利なしです。「緊張」なんて本書でお伝えする技術で解けますから、皆さんはぜひ楽屋で落ち着いてから舞台にあがってくださいね（笑）。

ただ、本書で技術をお伝えする前に、話し手として大切な考え方をお伝えします。この考え方を学ぶだけで、あなたの話し方は大きく変わります。もちろん、この考え方に技術が加わればさらに変化するでしょう。

それは「心の矢印を自分ではなく相手に向ける」という意識です。実は、私たちが緊張するのは「自分はどう見えるかな？」「自分はどう思われているかな？」と、常に自分自身に意識が向いているためです。この状態を、「心の矢印が自分に向いている状態」と言います。

自分にばかり意識が向いているから、「うまく話せてるかな……？」「あっ！いま言い間違えた！」などとどんどん緊張を悪化させ、泥沼にはまってしまうわけです。

一方、「聞き手の様子・反応をよく見よう」「相手は今の話を聞いてどう思っているかな？　理解できているかな？」と、話を聞く相手に意識を向けること。これを「心の矢印が相手に向いた状態」と言います。

話をするときに心の矢印を相手に向けると、あなたは「緊張モード」ではなく「集中モード」に入ることができます。本書でお伝えするさまざまなテクニックも、自由自在に使いこなせるでしょう。

常に心の「矢印」は相手に向けよう

会社・講演会・セミナー・育児・教育施設など、話し手と聞き手が存在するあらゆる場において、私たち話し手は自分のために話をするのではありません。常に、相手（聞き手）が得たい結果を得られるように話をしているのです。

そのために必要なのが、先ほどの「心の矢印を相手に向ける」意識です。これを忘れると緊張するだけではありません。相手のことを考えずに自分だけ気持ちよく話しまくる「オナニー・スピーカー」が誕生します（涙）。

ときどき、セミナーや講演会で「俺、カッコよく見えてる？」「俺、いい感じに話せてる～！」とライブ中のミュージシャンのような感じの話し手がいます。完全に心の矢印が自分に向いており、こんなセミナーでは聞き手は学びに来ているのに、先生を喜ばせるのが目的にすり替わっています。

似たようなことは、国内でスピーチ・コンテストの審査員をしたときに感じました。世界的な基準で審査するなら、「いかに聞き手の役に立てるか・記憶に残るか・行動につながるか」を評価します。

しかし、日本では花火のようにその場だけ華やかなスピーチが評価されるのです。私から見れば、多くの話し手が「矢印が自分に向いている」のでほぼ全員失格なのですが……。

話をするときは、ぜひ相手（聞き手）に心の矢印を向けてください。常に相手の反応をよく見て、相手のためになろうと心を集中させるのです。そうすると、話し方も話す内容もすべて変わっていきます。

本書でお伝えするさまざまなテクニックの土台には、この「自分ではなく相手に矢印を向ける」という考え方が入っています。緊張するどころか、聞いている人の気持ちが手に取るようにわかり、話したいことが次々に浮かび、それでいて予定時間ぴったりにスピーチを終えることもできるようになるでしょう。

ちなみに、冒頭の銀行員の彼女も、セミナー受講後は100人以上の聴衆を相手に見事な歌を披露することができるようになりました。きっと、あなたも変われるはずですよ！

世界基準のスピーチ

話をするとき、いつも「心の矢印」は相手に向かって一直線！

話し手の心構え3

「正直さ」はスピーカーの力

私は自分のセミナーや講演会で、「嫌われそうで怖いですけど……お伝えしますね」とか「あー……何を言いたいのか忘れちゃいました」といつも正直に言っています。

聴衆の方からの質問に対して、「分からないので、今ちょっと調べていいですか?」「今の質問の答え、会場で知ってる人いますか?」と言ったりもします。よく分からないことをあいまいにごまかすことはせず、「勉強になりました!」というセリフも自然に出てきます。

また、話しているときに感動したら普通に泣きますし、怒りを無理に押さえつけることもしません。

ところが、こういう正直な態度をとるのは多くの人にとって簡単ではないようです。特に経営者にありがちなことですが、この人は自分のプライドが高すぎて正直に話せてないな……と感じることがよくあります。会社の管理職やチームリーダー、学校の先生、それこそ子どもを持つ親も同じかもしれません。

みんな自分のプライドが邪魔をして、「なめられちゃいけない」「自分を偉く見せなければ！」と考えているのでしょう。でも、それって実は逆なんですよ？　自分を飾ろうと正直な気持ちを隠すほど、聞き手は「信用できないなあ……」「無理してるなあ……」とかえって評価を下げるものなんです。

「正直」には人の心を動かすパワーがある

多くの人は正直であることは、ものすごく勇気が必要だと思っています。だからこそ、正直な人を見ると尊敬し、憧れの気持ちすら感じます。つまり、「正直さ」と「権威性」や「影響力」は両立するのです。

私はセールスのセミナーもやっていますが、いつも「いいことも悪いことも、お客様に正直に全部話しちゃいな！」と受講生のお尻を叩いています（笑）。みんな最初はビクビクしていますが、実際にやってみると「商談がうまくいきました！」という声が本当に多いです。

このように、正直であることはとてもパワフルです。本書ではさまざまなテクニックをお伝えしますが、まずは正直に話すことを心がけてみてください。それだけで、あなたの話し方が劇的に変わり、今の何倍もの影響力を持ち、目の前の人の人生をよりよくすることが可能となりますよ。

世界基準のスピーチ

どんなテクニックより、まずは「正直」に話してみよう！

話し手の心構え4

「私たちのせいにしないでくれ！」（原因と影響下の法則）

ペットボトルの飲み物を飲んだこと、ありますよね？　では、うっかりキャップを持ったらそれが緩んでいて、ペットボトルが落下して足元がびしょ濡れになったことはありますか？

私はあるのですが（笑）、このシチュエーションにおける「手」を「原因」、「ペットボトル」を「影響下」と考えたとき、「原因と影響下の法則」というものが成り立ちます。

まず、ペットボトルの側として考えてみてください。ペットボトルは別に落ちたくて落ちたわけではないでしょう。しかし、ペットボトルは「手」の影響下にありますから、本人（？）の意思はどうあれ、キャップがゆるんでいたりしたら落ちざるを得ません。

一方、手の側はどうでしょうか？　手は原因側ですから、自分の意思でどのようにもできます。ペットボトルを持つことも持たないことも、念のためにキャップを締め直すこともできるのです。

実は、この話が「話し手」として「原因側で生きますか？」「影響下の側で生きますか？」という質問につながります。

「影響下の側で生きる話し手」とは、「伝わらないのは聞き手のせい」「動かないのも聞き手のせい」というように、「手がボクを離すから落ちちゃったんだもん」と考えるペットボトルのような話し手とも言えます。

逆に、「原因側で生きる話し手」とは、「伝わらないのは自分のせい」「動かないのも自分のせい」と考える「手」のような話し手です。

起きている問題に対して自分に原因があると思ったとき、話し手の私たちはいろいろな方法を試すことができます。柔軟性を発揮し、いろいろなアイデアも浮かんでくるのです。

　本書でご紹介するさまざまなノウハウ・テクニックも、この「私は話し手として原因側で生きる！」と覚悟することで、初めて有効活用できるでしょう。

　この項目のタイトルである「私たちのせいにしないでくれ！」というのは、聞き手の心の叫びです。本書を読まれる話し手の皆さんは、ぜひ聞き手が「理解できるようにする責任」「動けるようにする責任」は自分にある、と考えてみてください。

「原因」や「責任」はポジティブな言葉！

　ちなみに、「すべての責任は話し手にある」といっても無制限ではないことにご注意ください。たとえば、セミナー講師は受講生自身が「やりたくないこと」をやらせることはできません。

　そのような、「こちらの意図する結果を出させる」ことは「コントロール」と言います。私たち話し手は相手の望まない行動を取らせること（＝コントロール）をするべきではありません。あくまで相手の望む結果を得させること（＝エンパワー）を目指しましょう。

実際、私が主催する起業家コミュニティーの参加者の中にも、起業で結果を出すために参加したけど、自分の本当の願望（家族のために家事をしたい、希望の職種で就職したい、など）に気づいて辞める人はいます。

そういう人たちに起業に役立つ話をした結果がそうなったとしても、それはむしろ「本当の願望に気付くサポートができた」と考えて良いと思います。

ところで、どうも多くの日本人は「原因」や「責任」という言葉にネガティブなイメージを持っているようです。たとえば、話し手として「自分に原因がある」「責任を取らなければならない」と言われると、「能力がない」と非難されているような気持ちになるわけです。

しかし、私の考える「原因」や「責任」の定義は異なります。まず「原因」の定義は「意志を持って働きかける側」「選択権を持つ側」というものです。そして、「責任」の定義は「あきらめない・否定しない・恥だと思わない・正当化しない・人になすりつけない」といったものです。

つまり、話し手として主体性を持ち、「原因」や「責任」をポジティブに受け止めると、聞き手を否定しなくなり、さまざまなアイデアを駆使できるようになるのです。

例を挙げると、「お金がない!」というセリフはお金がない状況を「お金」という自分以外のもののせいにしています。私も昔はよく使ってました（笑）。

これを「私はそれを買うのに十分なお金を持っていない」「私は入ってきたお金をすべて使ってしまった」「私はこれまでお金を貯めていなかった」と言ったら、どうでしょうか?

お金を集める方法や使い方を見直す、貯金を始めるなど主体的で具体的な方法がいくつも浮かんでくるのではないでしょうか?

主語が私以外になった時、私は責任を持っていない、原因側ではなく影響下の側になっている……そう考えてみてくださいね。

世界基準の スピーチ

話し手は「原因」であり、結果に対する「責任」を持っている!

話し手の心構え５

「いや、だから聞いてないって！」（認知心理学）

２０２１年、「すごい左利き（加藤俊徳・著　ダイアモンド社）」という本が15万部を超えるベストセラーになりました。ちなみに、右利きの人と左利きの人の割合に正確な調査データは無いようですが、だいたい右利きの人が９割、左利きの人が1割とされているようです。

実は、この「利き手」と同じように人間の情報処理能力には「利き脳」ともいうべき「得意な情報処理方法」があります。この分野を研究する学問を認知心理学と言いますが、その分類によると人間の得意な情報処理方法は次の４つになります。

「V（Visual・視覚）タイプ」
「A（Auditory・聴覚）タイプ」
「K（Kinetic・体感覚）タイプ」
「AD（Auditory & Digital・理論／分析）タイプ」

それぞれ簡単に解説すると、Vタイプは「見ればわかる人」。Aタイプは「聞けばわかる人」。Kタイプは「やってみたらわかる人」。ADタイプは「情報を聞けばわかる人」です。

これは脳のクセみたいなもので、人それぞれ違います。私の経験では、それぞれのタイプの人がだいたいちょうど4分の1くらいずつ存在します。このことを知らずに話をすると、本項目のタイトルのように「聞いてないよ！（見てないよ！わからないよ！）」と聞き手に感じさせてしまうのです。

たとえば、「Vタイプの人」は「視覚が利き手」のようなものです。だからVタイプの人が「聴覚」や「体感覚」、「数値」で物事を理解しようとするのは、右利きの人が左手でモノをつかもうとするような感覚になってしまうのです。

分かりやすい例で言えば、道案内をされるときのパターンです。Vタイプの人には地図を渡せば大丈夫です。「赤い○○が目印」などと伝えると、さらに万全でしょう。

Aタイプの人は「この先をまっすぐ行って2番目の信号を右に行って……」と言葉で説明すれば理解してくれます。Kタイプの人は地図や説明ではなく、一緒に連れていってあげた方が早いかもしれません。

もしくは、道順の説明を「ああ、こう行って……こう曲がるのね！」と身振り手振りを加えて聞く人もKタイプには多いです。ADタイプの人は「◯m先の信号を右折して、◯m進むと……」と数値を交えた説明を喜びます。

聞き手には「4つのタイプすべて」がいることを忘れない！

このように人は得意な情報処理方法が違いますから、話をするときはこの4つのタイプがいることを頭に入れておくことが絶対に欠かせないのです。

たとえば、私が講演会で「豊かな自然をイメージしてください」と言ったとしましょう。残念ながら、頭の中で「豊かな自然」を思い浮かべられるのはVタイプの人たちだけ。つまり、話についていけるのは聴衆の4分の1だけで、残りの人は置いてきぼりになっています（涙）。

そうならないよう、「木々を揺らすそよ風の音を想像してみましょう」と伝えればAタイプの人もイメージができます。さらに「心地よい風が頬をなでるのを想像してみてください」と言えば、Kタイプの人もイメージできます。ADタイプの人のためには、「高さ20メートルを超える緑あふれる森が1万7千ヘクタールも広がっている……そんな情景をイメージしてみましょう」と数値を交えた情報が必要になります。

ところが、多くの話し手は自分の得意な情報処理タイプで話をしがちです。その結果、残りの4分の3の聞き手は疎外感を感じてしまうのです。

それこそ、Kタイプのセミナー講師が自分の得意な「感じてみましょう系」のワークばかりやったとしましょう。V・A・ADタイプで「感じる」のが苦手な受講者は「わからない」「全然できない」「自分はダメなのかもしれない……」と落ち込んでしまいます。

結果として、受講者のエンパワー（力を与えること）を目的とするセミナーがディスパワー（力を奪うこと）になりかねません。

シャレにならない「4つのタイプ」のミス・コミュニケーション

余談ですが、レストランで料理を選ぶときも4つのタイプは違います。Vタイプの人はメニュー写真があると決めやすいです。Aタイプの人はメニューを読み上げたり、説明される時の声のリズムやトーンなどに影響されます。

Kタイプの人はメニューの写真を見ながら、味や食感を想像したりして選んだりします。ADタイプの人は注文を決めるときに「産地が○○」「○○年産」といった情報を欲しがります。

レストランでメニューを選ぶ話なら被害は少ないですが、あるご家族では大惨事が起きるところでした。4人家族のうち3人がVタイプで、下の男の子だけがKタイプだったのです。

あまりにも意思疎通が困難なので、病院で治療しようか……という寸前でした。しかし、ファミリー・セラピーを受けて情報処理タイプが違うだけということがわかり、それからは家族で仲良く暮らされています。

また、学校の先生も自分の得意な情報処理タイプでばかり話していると、クラスの4分の1の子どもにしか伝わりません。その結果、「ぜんぜん教えてもらえない」「先生は○○さんにばかり話しかけている」と思われてしまうのです。

聞き手全員に伝えたい時は、ぜひこの4タイプ全部の表現を使って話すよう心がけてくださいね。

世界基準の
スピーチ

「4つの表現方法」を駆使して、すべての聞き手に伝えよう！

話し手の心構え6

「全部それでいけるわけじゃないだろう！」（4ボディーズ）

前項で、「話すときは4タイプの聞き手全員に届く表現をしよう」とお伝えしました。しかし、それだけで話し手としての課題をすべて解決できるわけではありません。それこそまさに、本項の項目タイトル「全部それでどうにかなるわけじゃないだろう！」という言葉通りです（笑）。

なぜなら、人間は常に「精神」「思考」「感情」「物理的要素」という4つのパラメーターに影響されているからです。これを「4ボディーズ」と言います。

たとえば、野球でバットの素振りをしているところを想像してみてください。そのときの素振りのキレも、「精神」「思考」「感情」「物理的要素」の4つに影響されています。

「精神」：どう在りたいのか。どんな価値観なのか。
「思考」：どんなことを考えているか。物事をどう解釈しているか。
「感情」：どんな感情を持っているか。それをどう受け止めているか。
「物理的要素」：体はどのような状態か。アイテムの状態はどうか。

もし、バットの素振りが物理的要素だけに影響されているのであれば、フォームが崩れることはほとんどないでしょう。しかし、前日の試合でデッドボールを当てられ、「怖い」という感情や「また次の試合で当てられたらどうしよう」という思考をすることでフォームが崩れるわけです。

そもそも人間の体内で生成されるホルモンは、さまざまな感情によって分泌され身体に影響を及ぼしています。つまり、物理的な要素も心理的な要素も双方向に影響しあっているのです。

「きっと失敗する」という思考で物事に取り組む場合と、「きっと成功する」という思考で物事に取り組む場合、身体の力の入り具合はまったく異なるでしょう。だからこそ、なにかがうまくいかない場合、「精神」「思考」「感情」「物理的要素」の４つのパラメーター全部をチェックする必要があるのです。

「4つの切り口」で突破口を開く!

逆に言えば、この4ボディーズという切り口で考えると問題の突破口が開けるよ、ということです(私はこちらの表現の方がポジティブで好きですね!)。物事に行き詰まったら、別の角度から見直してみましょう。

たとえば、昔の私の人生はボロボロでした。ヘルニアで左足が麻痺して緊急入院したこともありますし、自殺願望ありありで「死にたい、死にたい」が口グセでした。さらに離婚も経験しましたし、ガンにもなりました。

それでも、それぞれの困難を「精神」「思考」「感情」「物理的要素」の4つの観点を駆使して突破できたのです。まず、私を苦しめていたさまざまな感情を「なにかを伝えてくれるサイン」だと受け取るようにし、「死にたい」という思考のクセも「こう変えてみよう」と自分なりに工夫しました。

ガンも「冷え性だから身体を温めてみよう」と夏でもレッグウォーマーや腹巻きを使ってみた結果、乗り越えることができたのです。

ちなみに、整体師の方たちから「腰痛持ちの患者さんはみんな再発する」「ビジネス的にはありがたいが、やはりちゃんと治してあげたい。どうすればいいの

「本当に伝えたい！」と思う人が
持つべき心構え

**世界基準の
スピーチ**
‥‥‥‥‥‥

本書で話し手に必要な「精神」「思考」「感情」「物理的要素」をマスターしよう！

か？」という相談を受けたことがあります。

これも突破口は4ボディーズでした。腰痛患者さんの再発を防ぐポイントは「物理的要素」以外の精神・思考・感情の部分にあったのです。その後、患者さんの考え方を変えていくことで、整体師さんたちは腰痛の再発を防げるようになりました。

私の体験談的な話が連続しましたが、話し手の方にお伝えしたいのは、ちょっとした言葉づかいや表現方法を変えるだけでは話し手としての壁は乗り越えられない、ということです。

本書には「話し手としての精神・思考・感情・物理的要素」のノウハウやテクニックが網羅されています。それらをマスターすることで、あなたは話し手として大きなブレイクスルーを実現できるでしょう。問題にぶち当たったときは、常に「精神」「思考」「感情」「物理的要素」といった多面的な角度から解決策を工夫してみてください！

話し手の心構え7

「なんで助けてくれないの！」（変化の責任）

さーて、いよいよ次の章から話し手のための具体的なノウハウ・テクニックをガンガン紹介していきますよ！　……が、その前に一つ重要なことをお伝えしなければなりません。それは、「変化の責任」というものです。

ちょっと想像してみてください。あなたは今、中学2年生です。ある日曜日、お寺のお坊さんに「掃除すると心が清められますよ。いいことが起きますよ」と言われ、実践することにしたとしましょう。

そして、月曜日に学校に行きます。いままで適当にやっていた掃除の時間、あなたは一生懸命に掃除を始めました。すると、まわりの友達はなんというでしょうか？

「なんで掃除なんかにマジになってるの〜？」
「私たちがサボってるみたいに見えるじゃん！」
「適当に終わらせて、早く帰ろ！」

ありがちな学校風景ですよね(笑)。それにしても、なぜ友人たちはきちんと掃除しようとするあなたを邪魔するのでしょうか?

それは、「あなたが変化したから」です。先週まで自分たちと同じように掃除をしていなかったあなたが、今日は掃除する人に変化した。それが友人たちの居心地を悪くさせ、非難されているような気持ちにさせたのです。

言い換えれば、「あなたの邪魔者を生み出したのはあなた自身」「あなたにとっての邪魔者が現れたのはあなたのせい」とも言えるでしょう。この邪魔に引っ張られてせっかく起きた変化を捨ててしまえば、あなたは変わりません。これまで通りの日常が続きます。

つまり、変化できないのは邪魔者が原因ではありません。変化し、成長するためには「変化によって起きる障害」を乗り越える必要があるのです。これを「変化の責任をとる」と私は表現しています。

そして、この部分は話し手の力が及ぶところではありません。話し手は聞き手をエンパワーし、変化を促すことはできます。『話し手の心構え1「伝わらない」「動いてくれない」と悩んでいませんか?』でお伝えした通り、知識やノウハウを伝え、それを使いこなせるようにすることは話し手の責任です。

しかし、そんな変化を受け入れ、持続するかどうかは相手（聞き手）次第です。変化によって生じた周りの反応に戸惑い、せっかくの変化を聞き手が捨ててしまうなら、話し手にはどうしようもありません。

いや、わかりますよ？　せっかくいい変化が起き始めても、周囲の反発とか居心地の悪さを感じると逃げ出したくなりますよね。私も年間所得1７5万円で、バリバリの非課税世帯だった頃。ある集まりで、年収が億越えの人たちばかりのテーブルに座ったときはメチャクチャ居心地悪かったです。それでも、最後までそのテーブルに居続けました。

一方、その集まりに一緒に行った私の仲間たちは、最初はその年収億超えの人たちの話を聞きたくて耳を傾けていたのに、「話がよく分からないから」「場違いな気がするから」と言って、別のテーブルに移ってしまいました。

しかし、ようやく自分が変化して加われたレベルの高いコミュニティから、「居心地が悪い」と降りていたら……どうなるでしょう？　結果として、私はその翌年に自分のビジネスで前年の４倍の年間売り上げを達成し、仲間たちはそのような実績を上げることができませんでした。つまり、「変化の責任」を取ったからこそ、今の私はあるのです。

また、自分のビジネスの売上が上がったことにより、仕事が忙しくなって子どもと過ごす時間が減ったとしましょう。そのことで「私は悪い親だ……」と自分を責め、仕事をやめてしまうのも変化の責任をとる態度とは言えません。

変化によって起きた葛藤（＝新たな課題）を自分で乗り越えなければ、せっかくの変化は定着しないのです。

もちろん、変化によって引き起こされる周囲の反応は、自分の仲の良い人から言われるものほどダメージが大きいものです。たとえば、「セミナー講師を始めた？　怪しいものを売ってんの？」などと親や友人から言われることもあるでしょう。それでも、それはあなたが変化し始めた証拠なのです。

聞き手に「変化の責任」を予告してあげよう！

「変化の責任」を知らない話し手は、「変化によって起きた障害に戸惑う聞き手（たとえばセミナーの受講生）」に「先生、助けてください！」「どうして助けてくれないんですか？」と言われてから、「こうすればいいんですよ」「こう考えてみてください」などとアドバイスしてしまいます。

しかし、問題が起きた後のアドバイスは聞き手の心に届きません。ですから、ぜひ話し手の皆さんは聞き手に「変化したければ『変化の責任』を取る必要がある」「それはあなたにしかできないことである」と最初に伝えておきましょう。

同時に、「変化したあなたにはこれから○○のような障害が出てくる」と予告してあげるようにしてください。たとえば、周囲から「付き合いが悪くなったな！」「昔話のノリが悪くなったな」と言われたり、「私と仕事どっちが大事なの？」などの足を引っ張る発言をもらいますよ……といったことです。これなら聞き手の心に届きます。

さあ、なぜ私がこの話を第1章のラストに持ってきたのか分かりますね？　もちろん、本書を読んだ話し手のあなたが大きく変化するからです。これからのあなたを見て、周囲は反発すると思います。「堂々と話をしやがって！」とか「自信満々な話し方ね！」とか。

しかし、周囲の反応は「変化の責任」だと考え、変化を捨ててはいけません。「変化の責任を取らない限り、決して変化は起きない」からです。

最後に。蛇足かもしれませんが、本書を読み終えると以下の副作用があります。
これも変化の責任だと思って、心に留めておきましょう!

「ファミレスで隣の会話が気になる」

周囲の会話が「否定」や「自己正当化」ばかりなことに気づくでしょう。思わずツッコミたくなるかもしれませんが、グッとガマンしてください(おかしな人扱いされてしまいますよ〜)。

「エンパワー病になる」

最初のうち、「すべての発言はエンパワーでなければならない!」と思い込んでしまうでしょう。しかし、日常会話まで気を配りすぎると息がつまります。「ここぞ!」という場面以外は、気楽に会話してくださいね。

世界基準のスピーチ

「変化の責任」をとることで、あなたはどんどん成長できる!

第2章

世界の講演家（話し手）が必ず身につけている基本中の基本

話し手のテクニック1

「この人、私たちのこと気にしてない」（ハカラウ）

さあ、いよいよ話し方のノウハウ・テクニック編がスタートしました！　この項目では、本書の話し方を学ぶ上で最も基本的かつ最重要の要素「ハカラウ」についてお伝えします。

もう、「コレがなければ始まらない！」というくらい大切なことなので、目を皿のようにして、耳を澄ませて、全身で感じつつ、この「ハカラウ」というテクニックを学んでくださいね。

「ハカラウ」とは、ハワイ語で「集中を広げる」という意味です。日本語では「観の眼《かんのめ》」と言ったり、英語では「ゾーン」と呼んだりします。真のリラックス状態に入り、周囲で起きることがすべて手に取るように把握できる状態……といったニュアンスです。

たとえば、自動車の運転中を考えてみてください。特にどこに集中しているわけでもないのに、横から人が飛び出してきたら、すぐにハンドルを切ったり、ブレーキを踏んだりできませんか？

また、子どもの頃を思い出してみましょう。お母さんはキッチンで料理しているはずなのに、こっそりイタズラしようとすると「○○ちゃん、ダメよ～」となぜかお見通し、なんて経験はありませんでしたか？

そんな極めて広い視野というか、五感が研ぎ澄まされて周囲の環境を敏感に感じ取れる状態にあること……これを本当の意味での集中状態＝「ハカラウ」と言います。

「ハカラウ」は話し手にとって最も大切なテクニック！

さて、このハカラウは、どのように話し手に関係するのでしょうか？　まず、話し手がハカラウの状態に入っていると、常に聴衆全体の反応が分かるようになります。

たとえば、セミナーなどで「ここまでの話が理解できた人～！」と手を挙げてもらったとしましょう。ハカラウに入っている話し手は会場の隅々、それこそ視界の外側の人が手を挙げているかどうかまで、分かってしまうのです！

話し手は手を挙げていない人（＝理解できなかった人）がいた場合、対応しなければなりません。「ここまでの話が理解できた人？」「ここまでの話が腑に落ちた人？」などと違う言葉を使ったり、別のたとえ話をもう一度することで、会場の全員が話を理解できるようにするのです。

ハカラウに入っていない話し手は、自分が安心したいために「話に反応してくれる人ばかり」に注目してしまいがちです。そうすると、話についていけない人はこの項目のタイトル通り、「この人、私（たち）のこと気にしてない」と不満や不信感を抱いてしまいます。簡単に言えば、「置いてきぼりにされている感じ」がするわけです。

ですから、話し手は常にハカラウに入った状態で聞き手の反応を把握し、それに応じて話をしなければなりません。この項目の冒頭でハカラウが最重要、と言ったのは、いくら本書のテクニックを学んでも、ハカラウで聞き手の反応を把握しなければテクニックの使いどころがわからないからなのです。

一流の話し手は、話をしている最中もハカラウで聞き手の状態変化をリアルタイムに観察しています。そして、「あ、この話は興味を持たれないな。用意してきた話は変えよう」「この話、すごい食いついてくるな。じゃ、この話を広げるか」

「前のめりになってきたな。それじゃ、次の話に移ろう」と常に頭の中で話の展開を組み立てたりしています。

……え、難しそう？　大丈夫！　あなたもこの本でしっかり学んでいけば、必ずできるようになりますよ‼

「ハカラウ」を身につける方法

というわけで、まずはハカラウをしっかり身につけていきましょう。ハカラウは極めて深い集中状態ですが、同時にリラックス状態でもあります。ガチガチに緊張したり、一点に集中したりする状態ではないことにご注意ください。

ちなみに、かつて私が受けたスピーカー・トレーニングでの「ハカラウを身につける訓練」は初日に丸一日、ハカラウに入り続けながら立ち続けるというものでした。その間、まったく喋ったり動いたりはできません（この本の編集者に『昔の漫画「男塾」みたいですね！』と言われました）。

大変そうに思うかもしれませんが、やってみると簡単なのであなたにもできます。ですので、以下にやり方を紹介するので、ぜひやってみてください。

ハカラウ・トレーニング

用意するもの：直径10センチほどの黒マルを書いたA4用紙

●ステップ1

用意した紙を1メートルほど離れた壁に貼ります。

●ステップ2

首も顔も目も動かさずに、
リラックスしながら黒マルだけをまっすぐに見てください。

●ステップ3

黒マルを見たまま、意識を広げてください。

次第に紙の枠や貼ってある壁、天井や床、家具などが視界に入ってくると思います。

●ステップ4

やがて、自分の真横まで意識に入ってくる状態になります。

このとき身体の力が抜け、ゆったりとした腹式呼吸をしていることにも気づくでしょう。

コレがハカラウに入った状態です。

視界は180度より、やや広めになっています。


話をする前には、毎回このトレーニングをやってみましょう。慣れると黒マルを描いた紙をイメージするだけで、ハカラウに入ることができるようになります。

最後に、話をしているときに「ハカラウから抜けてしまうこと」はよくあります。

そういうとき、多くの人は焦ってそのままの状態で話し続けてドツボにハマってしまいがちです。どういうわけか、みんなスピーチ中に黙ってはいけないと思い込み「自分を整える時間」を持たないのです。

やるべきことは逆です。ハカラウから抜けてしまったら、いったん話すのをやめて、ハカラウに入り直すことを心がけてください。そういうとき、心の中にイメージの黒マルを呼び出すことが役に立ちます。

世界基準のスピーチ

「ハカラウ」しなくちゃ始まらない！

話し手のテクニック2

「なんかこの人、見てて落ち着かないな……」（腹式呼吸）

セミナーや講演会、または学校の教室など、ある程度の数の人の前で話をしている人の中に「どうもこの人、見てて落ち着かないなぁ……」と思ってしまうような人、いませんか？

実は、聞き手に落ち着かなさを感じさせてしまうのは、話し手が「肺呼吸」になってしまっているためだったりします。イメージしてみてください。「コレがこうで！　コレがこうなんですよ！」「そしてね！　コレがああなって！　ソレがこうなって……！」というように、肺呼吸の人は喋れば喋るほど身体に力が入っていきます。

どんどん息も荒くなり、せわしなく肩が上下します。コレでは、聞いている方は話に集中できません。イメージしにくい方は小学校のプールの授業の前に、上から冷たいシャワーを一斉に浴びた時を思い出すといいかもしれません。「ハッ、ハッ」と肺で呼吸して、みんな暴れ出して大声で叫んでいましたよね。

だからこそ、話し手は腹式呼吸をマスターする必要があるのです。腹式呼吸であれば話し手の身体はリラックスし、話し方や姿勢も安定するので、聴衆も話の内容に集中できるようになります。

腹式呼吸をマスターした話し手であれば、先ほどの「落ち着かない人を再現したストーリー」を臨場感たっぷりに話しても、聞き手を落ち着かない気分にさせることはありません。「肺呼吸している人」を演じているのに、ちゃんと腹式呼吸を続けているからです。

腹式呼吸は「ハカラウ」のトレーニングで身につけよう

ところが、腹式呼吸は単体でマスターするのは難しい技術です。だからオススメなのが、前項で紹介したハカラウに入るトレーニングをすることです。ハカラウに入ると、呼吸が自然に腹式呼吸になるからです。

そして、ハカラウに入った腹式呼吸の状態で、お腹を手で触ってみましょう。そうすると「息を吸ったときにお腹が膨らみ、吐いたときにお腹が凹む」という腹式呼吸の感覚が分かるようになります。

この腹式呼吸の感覚を、話をしているときは常に意識してください。なぜなら、腹式呼吸を忘れて肺呼吸になると、ハカラウから抜けやすくなってしまうからです。

「ハカラウに入っていること」は話し手の必須条件ですから、話をしているときに腹式呼吸を意識することで、ハカラウを維持しやすくなるわけです。ぜひ、腹式呼吸は前項の「ハカラウ・トレーニング」で身につけてくださいね！

世界基準のスピーチ

「腹式呼吸」と「ハカラウ」はセットでマスターできる！

話し手のテクニック3

「この人、フワフワ&クネクネしてててウソくさい……」（グラウンディング&スタックシリンダー）

人前で話している人を見て、「なんだかこの人はフワフワ&クネクネしていて、ウソくさいなぁ……」と感じたことはありませんか？　そういう人の「立ち方」を見てみると、文字通り地に足がついていなかったり、身体が不安定に揺れていたりします。

実は、話し手の立ち姿は聞き手に大きな影響を与えます。話し手の身体がフラフラ揺れていたり、身体が傾いたりしているようでは、そもそも聞き手に信頼してもらえないのです。

さて、この「話し手がしっかり地面に立つ」ことを「グラウンディング」、安定した立ち姿を「スタックシリンダー」と言います。海外のスピーカー・トレーニングでは、先ほど登場した「ハカラウ」「腹式呼吸」に加えて、この「グラウンディング」「スタックシリンダー」ができるようになるまで、声を出すトレーニングに入らないくらい重要な要素です。

さて、人間の立ち姿にはさまざまなクセがあります。特に多いのがスマホの使いすぎにより、首が前に突き出ている人（「ストレート・ネック」というやつですね。肩こりになりやすいのでご注意ください！）です。

他にも右足や左足のどちらかに体重が乗っている人、足の裏全体が地面についておらず、外側や内側だけで立っている人もいます。

私もヘルニアの手術をしたり、長年の膝の痛みをかばったりしていたので、このグラウンディング&スタックシリンダーの習得はかなり苦労しました。しかし、これらをマスターすることで、見ている人が安定感・安心感を感じるような自然な立ち方ができるようになります。

ちなみに、グラウンディング&スタックシリンダーは筋肉ではなく骨で身体を支える立ち方です。そのため、マスターすれば何時間でもラクに立ち続けられるようになりますよ！

腰を貫く「3本の棒」をイメージしよう！

グラウンディング&スタックシリンダーを習得するには、自分以外の誰かに立ち姿を見てもらい、フィードバックをもらいながら直していくのが近道です。一人で行う場合は、大きな鏡を使って自分で良くない点を修正していくと良いでしょう。

グラウンディング&スタックシリンダー・トレーニング

用意するもの：大きな鏡

●ステップ1

・身体全体を映し出せる大きな鏡の前に立ちます。
・足の裏から地面にむけて、太く長い根が生えている

・ところをイメージしてください。
・重心が下がり、立ち姿に安定感が出てきます。

●ステップ2

・自分の腰（ヘソから指3本ほど下の「丹田」と呼ばれる部分）に、頭上から地面方向、右から左方向、前方から後方の3つの軸で、太い棒に貫かれているところをイメージしてください。

●ステップ3

・先ほどの3方向から腰を貫いている棒のイメージが
・うまくできると、それで身体が支えられ、
・とてもラクに立つことができます。
・上半身の力を抜いてリラックスしても、体勢が崩れることはありません。

●ステップ4

鏡を見ながら次のポイントをチェックし、修正してください。

・膝が緩んでいるか
・肩に力が入っていないか
・足の裏はすべて地面についているか
・右や左に傾いていないか

余談ですが、抽象度の高い話をしがちな人、スピリチュアルな話をする人は立ち姿がフワフワしやすいです。やっぱり、ちょっと「地に足がついていない」という印象を持たれやすいです。

ただ、スピリチュアルを現実でどう生かすか、というところまで話をしているベテランの先生は、しっかりグラウンディングができています、そういう方の話は、やはり説得力がありますね。

「ハカラウ」「腹式呼吸」「グラウンディング&スタックシリンダー」が話し手の基本セット！

話し手のテクニック4

「すげぇ緊張してるな、この人」（トレーナー・ステート）

人前で話すとき、緊張をときほぐす「おまじない」と言えば「手のひらに『人』と3回書いて飲むマネをする」「紙に『リラックス』と何度も書く」などがメジャーですね。しかし、これから紹介する「トレーナー・ステート」を身につければ、もう緊張とは無縁の話し手になれますよ！

トレーナー・ステートとは、いわゆる一流の講演家やセミナー講師といった「プロの話し手の心身の状態」を言います。話をしている間、常にプロの話し手はトレーナー・ステートの状態です。心身共にリラックスしながら、講演会場の隅々まで意識が行き届いている理想の状態と言えるでしょう。

実はこのトレーナー・ステート、要するに「ハカラウ」「腹式呼吸」「グラウンディング&スタックシリンダー」ができている状態です。つまり、トレーナー・ステートになる方法とは、ハカラウ・腹式呼吸・グラウンディング&スタックシリンダーを身につけること。

だから、トレーナー・ステートを身につける方法は結局のところ「話し手のテクニック1〜3」をもう一度チェックしてみてくださいね、ということになります。

話している自分を客観的に観察する視点（＝メタ認知）を持とう

さて、ここから少し実戦的な話になるのですが、プロの話し手は常に自分を客観的に見る「目」のようなものを持っている、ということをお伝えさせてください。これを「メタ認知」と言います。

たとえば、幽体離脱した自分が「話している自分」の後ろ上空1メートルくらいの高さから、じーっと見ているような感覚です。

この目によって、自分が緊張し始めているなど、トレーナー・ステートから抜け出していることに気づいたら、すぐに話を中断してでもトレーナー・ステートに戻ってください。

沈黙することを恐れる話し手も多いですが、状態を整えるために口を閉じるのはまったく問題ありません。むしろ適度な「間」を取ることになり、聞き手の集中力を高める効果があります。

トレーナー・ステートに戻る方法は簡単で、自分のハカラウ・腹式呼吸・グラウンディング&スタックシリンダーができているかどうか、一つ一つ確認することです。慣れてくると、1秒でトレーナー・ステートに戻ることができるようになります。

世界基準のスピーチ

話しているときは常にトレーナー・ステートを保とう!!

話し手のテクニック5

「えっ、なんつった?」(発声練習)

はい、ここまでで話し手として必要な状態はかなり整ってきました。しかし、いくら状態が整ったとしても、肝心の「声」が聞きとりにくかったら、伝わるものも伝わりません。

ですから、プロの話し手は必ず「喉を温めて」から話を始めます。たとえば、笛なども冷たい状態と温まった状態では、音程が変わることはよく知られています。冷たい状態では、割れたような聞きにくい音が出たりもします。

私たち人間の喉も楽器と同じようなもので、しっかりと温めた後でなければ音が出にくくなるのです。準備運動なしにいきなり走り出すとケガをするように、喉が温まる前に声を出すと、特に高音がかすれたりします。

よくカラオケに行く方は分かると思いますが、何曲か歌った後の方がうまく歌えませんか？　運動する時、しっかり準備運動をして身体を温めると動きが良くなることとも似ています。

スピーチの前には白湯（温めた水）を飲んだりするのがオススメです。その上で、当日話す内容を実際に軽く話してみるのもいいでしょう。ちなみにのど飴は物によっては逆にのどがベタベタすることもあるので、注意してください。

自分の身体を「楽器」だとイメージする

話をすることに慣れていない人は、喉が冷たいまま話を始めてしまうので、「聞き取りにくい！」と思われてしまうわけです。ぜひ、次のような発声練習をしてから話をするようにしてください。

まず、トレーナー・ステートに入ります（ハカラウ・腹式呼吸・グラウンディング&スタックシリンダーですよ！）。続いて、自分の身体が楽器になり、その身体全体が響いて音が出るようなイメージで声を出していきましょう。

多くの人は聞き取りやすい声を出そうとすると、喉から声を前に押し出そうとします。しかし、実は身体全体に響かせることを意識した方が聞き取りやすい声を出せるのです。

私がスピーカー・トレーニングを受けたときは、ハワイ語の発声練習を学びましたが、特別に「コレでなければダメ！」ということはありません。話をする前に、ぜひ皆さんが知っている歌や好きな言葉で発声練習をしてください。

世界基準のスピーチ

話し手も一種のアスリート。しっかり喉を温めよう！

話し手のテクニック6

「あれ、この人……喉が枯れてるんじゃない？」（水分摂取習慣）

2024年の大晦日、NHK紅白歌合戦に国民的ロックバンドB'zが生出演したことが大きな話題になりました。特に30代後半～50代の人はめちゃくちゃ興奮したのではないでしょうか？

さて、B'zのボーカル稲葉浩志さんが、あの凄い歌声を保つため喉のケアに細心の注意を払っていることはファンの間では有名だそう。夏でも鍋を食べ、クーラーも使わない。ドリンクは氷抜き。特製のハーブティーを飲み、ステージや楽屋に加湿器を置いている。喉の乾燥を防ぐため、医療用の吸入器を使っている。ライブツアーには喉専門の医師が同行している、などなど……。

ここまでやれとは言いませんが、プロの話し手も喉のケアは大切です。なかでもオススメしたいのが、話している最中の水分摂取です。

よく、演台に水が用意されてますよね？　ところが、ほとんどの人は手をつけないようです。アレ、全然飲んでいいんです！　むしろ、飲むことを習慣にした方がいいくらいです。

講演会などで、なんだか話し手の言葉が「ペチャペチャ」して気になってしまったことはありませんか？　あれは口の中の本来は潤っている皮膚が乾いてしまい、それがくっついて話す時に音が鳴ってしまうのです。

つまり、プロの話し手は喉が渇くから水を飲むのではなく、そういう音を出して聞き手の注意をそらさないために、こまめに水を飲むのです。喉が渇いてから水を飲むのは「自分の喉の渇きをいやす」という、自分に矢印の向いた考え方です。聞き手に矢印が向いていない、と言えるでしょう。

水分摂取には「水」が一番！

少なくとも、話している最中30分に1回は水分をとったほうがよいでしょう。

これはあくまで目安であり、会場のエアコンの効き具合などでも変わってきます。喉が渇いたな、と思ったらすでにかなり渇いていますから、早め早めに水分を取るようにしてください。

また、そのときの水分はジュースやお茶、コーヒーではなく水が一番です。お茶は利尿作用がありますし、麦茶やジュースなど色のついた飲み物は、体内からその色を排出するために水が使われます。結局、これらの飲み物は飲めば飲むほど喉が渇いてしまうのです。

最後に余談ですが、話し手のテクニック9で後述する「ラポール（話し手と聞き手の信頼関係）」ができている場合、話し手が水を飲むと聴衆の人たちも同じように水を飲みます。

あまりにもタイミングがバッチリなので、演台から見ていると本当に面白いですよ（笑）。ぜひ、あなたも水分摂取を習慣にして、そんな光景を見てみてくださいね！

自分のためでなく、聞き手のために「話すときの水分摂取」を習慣にしよう！

話し手のテクニック7

「101回目の「あの〜」だ……」（スウィッシュ・パターン）

「無くて七癖、あって四十七癖」ということわざがあるくらい、人にはさまざまなクセがあります。なかでも人前で話す時に気をつけたいクセが……そう、口グセです。

「あのー」とか「だから」とか「みたいな」とか「ていうか」とか「えーっと」とか、みんなついつい言ってしまいますよね。自分では意識してなくても、周りの人に一度聞いてみてください。「いつも『○○』と言ってますよ……」と思ってもみなかった指摘をかなりの確率でもらうはずです。

さて、この口グセは聞き手にとってかなり気になります。それこそ項目タイトルのように「また言ったよ……。コレで○回目だ」と数え始めてしまったら、まったく話の内容など入ってこないでしょう。

ですから、話し手は口グセをなくすよう努力しなければなりません。その時に使うテクニックを「スウィッシュ・パターン」と言います。

口グセを「別の行動」で塗り替えよう！

たとえば、「あのー」と言わないように話そうと練習するのって、逆に難しいですよね？ むしろ、「あのー」を意識しすぎて言ってしまいそうになります。

そこで、別のアプローチを取ります。なんらかの口グセが出そうになるときの状態・感情に着目するのです。

たとえば、「あのー」とか「えーっと」と言いたくなる直前の状態でよくあるのは、「言葉が出てこないとき」です。そういう状態・感情になると口グセが出るのだから、そういうときにとる「別の行動（＝スウィッシュ・パターン）」を作るのです。

別の行動はなるべくシンプルな方がよく、「深呼吸」などがオススメです。複雑すぎるものだと上手く入れ替えることができないので、ご注意ください。

スウィッシュパターン・トレーニング

用意するもの：講演会の原稿など

●ステップ1

・自分の口グセを認識します。
・周囲の人に聞いてみるのが良いでしょう。
・実際に原稿や資料などを読むのを聴いてもらうと、
・クセを見ぬきやすいです。

●ステップ2

・どういう状態・感情のときに口グセが出るのか、
・分析します（難しい場合はスピーチ・トレーナーなど、
・専門家に助けてもらいましょう）。
・それが分かったら、そういうときに取る

・「別の行動（スウィッシュ・パターン）」を設定します。
・深呼吸などのすぐにできて、分かりやすいものがベストです。

●ステップ3

・講演会の原稿などを暗記し、それを実際に話してください。
・口グセが出る状態・感情になったら、
・スウィッシュ・パターンを実践します。
・自然にできるまで、繰り返し練習しましょう。

世界基準のスピーチ

「ログセ」は自分が気にならなくても、他人はめちゃくちゃ気になるもの！

話し手のテクニック8

「この人、どこ見てんだろ?」(全体ハカラウ)

アニメや映画に登場する武術の達人が、背中を向けているのに相手の動きを察知して「……やめておけ」と言ったりするシーンがありますよね? すごくカッコいいですけど、実はプロの話し手にも「全体ハカラウ」というよく似たテクニックがあります。

コレは話し手のテクニック1でご紹介した「ハカラウ」の拡大バージョンだと考えてください。全体ハカラウをマスターした話し手は、巨大な講演会場で聴衆に背中を向けていても聴衆の様子が分かるようになります。

たとえば、タイ・バンコクで開催された「金持ち父さん 貧乏父さん(筑摩書房)」の著者として有名なロバート・キヨサキ氏の講演会に参加したときのこと。彼は広大な会場の隅々まで把握していました。

特に驚いたのは講演会の最中、聴衆にあるワークを取り組ませているときのことです。参加者が5000人以上もいる中で、突然、彼は「なんでそこの人はワークをやっていないんだ!」と後ろの方に向かって大声で指摘してきたのです。

もちろん、彼が視力3・0とかあるわけもありません（笑）。しかし、全体ハカラウを身につけていると分かるのです。私も、彼ほどのスケールではありませんが、数百名規模の講演会でホワイトボードに何か書くために背中を向けても、客席の皆さんの様子・動きは全部分かっています。

「全体ハカラウ」は人間が本来持っていた力

これは特殊な能力ではなく、人間がもともと持っていた能力です。野生動物に狙われていた私たちのご先祖様は、周囲の気配に敏感にならざるを得ませんでした。つまり、昔は誰もが持っていた（使っていた）能力なのです。

さて、この全体ハカラウは、トレーナー・ステートに入った状態（ハカラウ・腹式呼吸・グラウンディング&スタックシリンダー）で話をする経験を積むと、自然に発揮される能力です。

そのため、全体ハカラウだけを身につけるトレーニングはありません。大規模な講演会場などで、大人数を相手にトレーナー・ステートであり続けることができれば、やがて身に付くことでしょう。

最後になりますが、全体ハカラウの鍵は「リラックス」です。夜道でストーカーにつけ回されて後ろばかり気にしていると、前からきた自転車にぶつかってしまう……なんてことがあります。

つまり、一方向だけに過度に集中するような緊張状態では会場全体を把握するモードにはなれないのです。全体ハカラウが「気を張っている状態」「集中している状態」とは違うことにご注意ください。

世界基準のスピーチ

一流の話し手の「目」は背中にもついている！

話し手のテクニック9

「あの人しか見てなくね？」（ラポール&ペーシング）

参加者の一人が指名され、質問する。それに話し手が回答する……講演会やセミナーなどでお馴染みのシーンですね。このとき、けっこう話し手によって会場の空気が変わっているのを知ってますか？

まず、話し手と会場の聴衆の間に「ラポール（話し手と聞き手の信頼関係）」が築かれている場合。話し手が質問者の方を見ると、会場の全員が質問者に注目します。そして、質問者と話し手の会話を自分のことのように受け止め、学ぼうとします。

ところが、ラポールが築けていない場合、質問者以外の人は質問者の方を見ません。それどころか、「今は話し手とあの質問した人が会話する時間ね。私たちは関係ないわ」と置いてきぼりになったような気分になるのです。

このように、話をする際さまざまな場面で重要になるラポールですが、プロの話し手はハカラウによって聞き手とのラポールの状態をモニタリングしています。そして、ラポールが切れないように調整しています。ラポールは話し手の言葉によって、リアルタイムに濃くなったり、薄くなったりするからです。

つまり、ハカラウに入っていなければ話し手は聴衆とのラポールが切れかかっていることに気付けないわけです。言い換えれば、聞き手が退屈していることに気付けない、ということになります。まさに話し手にとっては致命的、と言えるでしょう。

ハカラウに入ることを知らない話し手の中には、話に良い反応をしてくれる聞き手の方ばかり見て、話をする人がいます。その方が自分を安心させられるからです。これがこの項目タイトルの「あの人しか見てなくね?」という状態です。完全に他の聴衆とはラポールが切れてしまっている状態と言えるでしょう。

聴衆の「世界観」に寄り添ってラポールを作る

さて、ラポールの作り方の基本は「ペーシング」です。相手のペース(いわば世界観)を尊重することで、ラポールが作れるのです。

具体的な方法は聴衆の反応で変えていきますが、代表的なのは話し手の心構え5でお伝えしたように、会場にいるさまざまな認知タイプの人それぞれに、理解しやすい言葉を使うことです。「ああ、この人の言ってることは理解できる」と思ってもらわなければ、ラポールは築けません。

もうひとつは、「これから話すことはあなたの役に立ちますよ」と伝えること。会場にはさまざまな問題や課題意識を抱えた人がいます。代表的なものは、お金・

人間関係・健康・仕事・生きがい、などでしょう。

これから話す内容が、それらとどう繋がるのか、解決のヒントになるのかを伝えましょう。そうすると、それぞれ異なる問題や課題意識を持つ人たちとラポールを築くことができます。

また、「今日、こういう悩みを持っている人はいませんか？」「こんなふうに考えて今日来てくれた人がいるかもしれませんね？」と聴衆が考えていそうなことを列挙することで、「私のために話をしてくれる！」と感じてもらい、ラポールを築く方法もあります。


さて、最強・最高のペーシングにして一瞬でラポールを築く方法は、徹底的に聴衆に心の矢印を向けることです。自分のことを考えず、聞き手のためだけに話そう、という決意はなぜか伝わるものだからです。

海外で開かれた講演会で、ある話し手が登壇中に「皆さん、立ってください！」と言いました。ところがその人と聴衆の間にはラポールがなかったので、誰も立たなかったのです。何度も立つようにうながして、ようやくパラパラと人が立ち始めるというありさまでした（涙）。

一方、その後に登壇した私のときは、壇上に姿を現した瞬間、会場の人たちが総立ちになってくれました。中には涙を流して拍手する人までいたのです。

なぜだと思いますか？　それは、わたしがステージに上がる前から、そして上がりながら、上がってからもハカラウを維持し、ページングをやり続け、深いラポールを築いたからです。

そうすることによって、会場全体が一つになり、同じ行動を取るという結果になったのです。ラポールの世界って、ほんと奥が深いですね！

ラポールが切れているとき、「話し手の言葉」は届いていない！

第3章

お手本は「できる上司」の話し方

話し手のテクニック10

「話が飛んだよね、今……。で、戻ってこないんだ……」（システム化）

さてさて、第2章では話し手の基本中の基本、「話すときの状態」をお伝えしました。いよいよ第3章では、話す内容に踏み込んでいきたいと思います。

誰でもパッと思い浮かぶ人がいると思うんですが、自分の思いつきで話があっちにいったり、こっちに飛んだり、「結局なにが言いたかったの!?」「この時間、ホント無駄だったわ～！」みたいな話をする人いませんか？

もし、それがお金と時間をかけて聞きにいった講演会やセミナーだったら、余計にガッカリするかもしれませんよね。

これ、自分の「興味・思いつき」だけで話をする人にありがちな特徴です。もしかしたら良いことを話しているかもしれないのに、聴衆がついていけない。「この話、どこにつながるの？」とみんな考え始めてしまい、肝心の話に集中できなくなってしまうのです。

こういう事態を防ぐため、話し手に使ってほしいテクニックが「システム化」です。実は、人間の頭には「物事を理解できる順番」があることをご存知でしょうか？「Aを伝えずにBから話をしても聞き手は理解できない」……という脳の仕組みがあるのです（このAやBがなんなのか、それは次項「話し手のテクニック11」で説明します）。

つまり、聴衆が「話があっちこっちに飛ぶなあ……」と感じるのは「Aの話をせず、いきなりB（もしかしたらC）の話をしているから」なのです。

ここでのポイントは「最初に伝えるべきA」はあるが、そのAを伝えるために使うべき「セリフ」が決まっているわけではない、ということです。一流の話し手は聴衆の反応にあわせて、Aを伝えるための「たとえ話」や「表現方法」を適宜変化させます。

というわけで、「話があっちこっち飛ぶなあ」と感じさせないためには、「カンニング・ペーパー（カンペ）」を用意すればよいのです。これは「まずAについて話す」「次にBについて話す」といった、講演会やセミナーなどにおける話の順番を記したものになります。

カンペを使って、「今コレだな……。次はコレか」と確認しながら話せば、聴衆に理解しやすい一貫した流れを持った話ができるのです。

「カンニング・ペーパー」は堂々と使っていい

ところが、多くの話し手はカンペを使ってはいけないと思い込んでいるようです。何も見ずに話ができる方がエラい、みたいな妙な偏見があるんですね。

また、せっかくカンペを用意しても、それを聴衆にバレないようチラッと盗み見る人もいます。コレをやると、話し手がよけいな緊張を感じるので、ハカラウやラポールが切れてしまいます。それでは元も子もありません。

一流の話し手は、カンペを見ることにまったく抵抗がありません。そもそも、聴衆が話に集中できるようカンペを使うのですから、悠然《ゆうぜん》と見ればいいのです。そういう態度であれば聴衆も気にしませんし、ハカラウやラポールが切れることもないのです。

実際、世界の一流オーケストラやピアニストも譜面を普通に見てますよね。「楽譜を見ない方が偉い!」なんて誰も思っていません。素晴らしい演奏を聞かせてもらうことが目的なのですから。

世界基準のスピーチ

カンニング・ペーパーで、あなたの話を「システム化」しよう！

話し手のテクニック11

「ワケがわからん！　質問させてくれ!!」（4MATシステム）

では、前項「話し手のテクニック10」から引っ張っていた皆さんお待ちかねの『人間の頭には「物事を理解できる順番」がある』という話をしますね！　これは脳科学の実験でも検証されており、アンケートを取る時なども設問がこの順番に沿っているかどうかで、回答率が大幅に変わるほどです。

そんな人間の頭に確実に理解してもらえる話の順番とは……ずばり「なぜ（Why）」「なにを（What）」「どのように（How）」「自己発見（If What）」の4ステップになります。

この4ステップはアメリカの教育研究者であるバーニス・マッカーシーによって開発されたもので、「4MATシステム」と呼ばれています。この順番で話せば、

「情報の整理整頓ができてない！」とか「何を言ってんだか分かんない！」と言われることは完全に無くなりますよ。　ちなみに、4MATは「Matching（適合）」「Analyzing（分析）」「Translating（変換）」の略です。では、4MATシステムの各ステップをくわしく解説していきましょう。

1．「なぜ（Why）」

4MATシステムでは、まず「なぜ（Why）」から話を始めます。つまり、「なぜ聞き手はこの話を聞いた方が良いのか」という内容です。ストレートに理由を説明する場合もありますが、「この話を聞いた方がいい」と聞き手自身が無意識に発見できる「たとえ話」で伝えるのがオススメです。

「この人の話は私とどういう関係があるのか？」
「この人の話を聞くことで、どんなメリットがあるのか（または、痛みや損害を避けることができるのか）？」

これらの聞き手の疑問が解消されない限り、聞き手は話し手に耳を傾けようとはしません。結果として、「話が伝わらない！」「お願いしたのに動いてくれない！」ということになるワケです（涙）。

たとえば、話し手が「世界平和」について話し始めたとしましょう（スケール大きいですね！）。しかし、聞き手が自分の商売で儲かることしか関心がない場合、その関心とうまく結びつけた「なぜ（Ｗｈｙ）」を最初に伝えない限り、ぜんぜん響かないのです。

一流の話し手が４ＭＡＴシステムを使う場合、なんと話全体の35％を「なぜ（Ｗｈｙ）」が占めます。講演会やセミナーで４割近くの時間を使って「なぜ（Ｗｈｙ）」という話ばかりするワケですね。

つまり、会場の聴衆全員が聞く耳を持つまで、決して本題をしゃべらない。「なになに？　それ聞きたい！　早く教えてよ～‼」と、みんなが前のめりになるまで「なぜ（Ｗｈｙ）」を話し続けるのです。

言い換えれば、これは聞き手のモチベーションを高める段階とも言えるでしょう。モチベーションの高い状態にしてから情報を伝えることで、聞き手の理解力・

吸収力を飛躍的に高めることができるのです。

多くの話し手は、「聞き手には聞きたい理由があるはずだ！」「聞く義務がある！」と勝手に思い込んでいます。現実には、聞き手はあなたの話にそれほど興味ありません。

まずは聞き手に、「この話は聞いた方がいい」「聞くだけの理由がある」と思ってもらわねばならないのです。

たとえば、あなたが飲食店の店長でバイトの子にテーブルをきれいにしてくれ、と頼んだとしましょう。しかし、それをバイトの子がやっていなかったら……4MATシステムの出番です。

（話し手の狙い：飲食店でバイトの子にテーブルをきれいにしてもらいたい）

「なぜ（Why）の例」

・レストランに入ったとき、前のお客さんの食べこぼしがあったらどう思う？
・お店のテーブルが不衛生で、食中毒が出たらどうなるかな？

・お店が潰れて、バイト代がもらえないかもよ?
・だから、お客さんが帰ったらすぐテーブルをきれいにして欲しいんだ

ここまで丁寧に「なぜテーブルをきれいにしなくてはならないのか」を説明されたら、やはりバイトの子も「コレは店長の話を聞かねば!」「テーブルをきれいにしなくちゃ!」と思うでしょう。

2. 「なにを(What)」

さあ、4MATシステムの冒頭「なぜ(Why)」によってモチベーションが高まり、聞き手は身を乗り出してきました。次に伝えるのは「なにを(What)」です。ここでは具体的な情報を十分に提供する必要があります。

そうしなければ、「これ何の話? 具体性なくない?」と聞き手に失望されてしまいます。「なにを(What)」の段階に入ったら、曖昧で抽象的な話ではなく、数値や固有名詞を交えた具体的な話をするようにしましょう。

一流の話し手は、この「なにを(What)」のステップに話全体の22%を使います。

セミナーであれば、「なにをやるのか」「どんな用語があるのか」を説明するフェーズです。

もう一度、先ほどの飲食店の店長さんに登場してもらいましょう。バイトの子はテーブルをきれいにする必要性を理解し、やる気になっています。しかし、なにをすればいいかは全然分からないのです。

（話し手の狙い：飲食店でバイトの子にテーブルをきれいにしてもらいたい）

「なにを（What）の例」

・テーブルを拭くためのシートは、常に洗われた状態でここにあるよ
・アルコールスプレーはテーブルに吹きかけると隣で食事している人が迷惑に感じるから、テーブルを拭くためのシートに3プッシュすること
・テーブルを拭くときは拭き漏れがないようにして、照明が反射してピカピカ光るまでやってほしい
・テーブルの上のしょうゆビンも、別の専用シートでピカピカに拭くんだよ

・専用シートはここにあるよ。アルコールスプレーを3プッシュして使ってね
・びんの底もベタ付いているから、ちゃんと拭いてね
・拭き終わったら、しょうゆビンのラベルを通路側に向けて置くんだ
・使ったシートは、全部このゴミ箱に入れること

3.「どのように（How）」

このステップまでに「やるべきこと」や「用語」などの説明はすべて終わっています。しかし、実際に見たり、やってみたりしないと理解できないタイプの人もいます。そこで、話し手がやってみせる「実演（Demo）」を取り入れましょう。

（話し手の狙い：飲食店でバイトの子にテーブルをきれいにしてもらいたい）

「実演（Demo）の例」

・バイトの子の目の前で、実際に店主が先ほどの手順をやってみせる

そして、実際にお手本を見せたあと、やるべきことを箇条書きのようなイメージで伝えるといいでしょう。一流の話し手はこの「どのように（Ｈｏｗ）」のフェーズに話す時間の18％を使います。

この部分で大切なのは『「やること」や「やり方」は分かった。で、実際にはどうやるの、これ？』という聞き手の疑問に答えることです。この説明なしで「いいからやれ！」という昭和の精神論で令和の聞き手は動きません（笑）。料理のレシピのように、手順を明確にしてあげてください。

（話し手の狙い：飲食店でバイトの子にテーブルをきれいにしてもらいたい）

「どのように（Ｈｏｗ）の例」

・やること1　お客さんが帰ったら、すぐにテーブルを拭く
・やること2　しょうゆのビンを拭き、ラベルを揃えて置く
・やること3　使ったシートをこのゴミ箱に捨てる

多くの話し手は、ここまでのステップの順番を守っていません。聞く体制ができていない人にいきなり具体的な手順を伝えたり、説明していない用語をいきなり使っても、聞き手は理解できないのです。

ここまで来たら、聞き手に実際にやってみてもらいましょう。これを「ワーク」と言います。ただ、この部分は相手の理解力を試しているわけではありません。あくまで、「相手にちゃんと伝えることができたかどうか」を話し手が確認するところです。いわば、話し手に対する聞き手のフィードバックなわけですね。だから、聞き手がワークをうまくできなかった場合は「４ＭＡＴで話せていなかったな……」と話し手が反省してください。「なんで出来ないんだ！」「何度も言ってるだろ！」と聞き手に対して怒るのは間違いなのです。

「従業員が言ったことをやってくれない……」と、よく経営者の方から相談を受けますが、この「４ＭＡＴで話す」というスキルが身についていないのだと思いますよ？

（話し手の狙い：飲食店でバイトの子にテーブルをきれいにしてもらいたい）

「ワークの例」

・店主の目の前でバイトの子に、実際に先ほどの手順をやってみてもらう

4.「自己発見（If What）」

このステップは「質疑応答」と呼ばれることもあります。最後に聞き手から質問を受け付けましょう……というステップであり、先ほどの飲食店の話もここで終わります。

しかし、実際には、もう少し広い意味があるのです。それは、聞き手自身に「もし、こうだったら？」と考えさせるステップだということです。つまり、聞いたことを実際に使ったらどうなるか予測してもらい、学んだことを「自分ごと」にしてもらうのです。

学んだ内容が「他人事」ではなく「自分ごと」になったとき、聞き手はすぐにそれを活用し、行動するようになります。学んだことを活用している自分を、すでに脳内でイメージできているからです。

そのため、話し手はこのフェーズで「もし未来でこういうことがあったとき、今日お伝えしたテクニックが使えたら、どう変わると思いますか？」といった質問をしたりします。

どのような未来をイメージできたか、参加者同士でシェアする時間を取るのも良いでしょう。時間がない場合は、未来における変化の一例として話し手自身の経験を伝えるのもアリです。

（話し手の狙い：飲食店でバイトの子にテーブルをきれいにしてもらいたい）

「自己発見（If What）の例」

・なにか質問がないか、バイトの子に確認する
・具体的な例を出して、それに対する回答をその場でもらう
・聞き手が一人でない場合は、学んだことをシェアする時間を設ける

世界基準の
スピーチ

あなたのスピーチを「4MATシステム」で組み立ててみよう!

話し手のテクニック12

「これ、大事じゃない気がする」（ストーリーテリング）

SNSで人気のインフルエンサーが「ウェブマーケティング教えます！」と講座を開いたとします。「では、今からセールスのコツを教えますね。まず、◯◯をします。次に◯◯をやります。最後に◯◯すればOKです」みたいな講座だったら、いくらその内容が素晴らしくても、大事な内容だとは思えませんよね？

また、ダイヤモンドの営業マンが突然バッグからダイヤを取り出し、「このダイヤはとても貴重なものです。◯万円ですが買ってください」と言われて、買う人はいるでしょうか？

こういう話し方をしてしまう話し手は「コンテンツだけ病」にかかっています。セールスのコツさえあればいい、ダイヤモンドさえあればいい……いえいえ、聞き手の心にメッセージを届けるには「ストーリー」が欠かせないのです。

たとえばダイヤモンドであれば、このサイズのものが採掘されるのは極めて珍しいとか、傷をつけずにカットするのも大変とか、職人がどんな思いでこの宝石を加工したのか……といったストーリーを語って初めて、人はその宝石に価値を感じるワケです。

「ストーリー」によってコンテンツの価値が高まる

話し手は「コンテンツに価値がある！」と思い込みがちですが、それをうまく伝えるストーリーがないと、聞き手にその話の価値が届かないのです。たとえ意識では価値があると考えても、無意識ではその話の価値を認められない、ということが起きてしまいます。

そんな無意識に価値を届けるのが、ストーリーの力です。たとえば、昔話によく出てくる田舎の村をイメージしてください。その村の大人が、子どもに「東の森に入ってはいけないよ」と禁止事項（コンテンツ）だけを伝えたとします。

それだけでは子どもたちはまったく気にかけず、元気よく東の森に遊びに行くか、「大人だけで何かしてるんじゃないか？」「美味しいものを食べているのかも⁉」と好奇心で東の森にやはり入っていくでしょう。

しかし、次のような言い伝えがあったらどうでしょうか？

「数年前の祭りの夜、弥太郎という子どもが東の森に入っていった。ところが、翌朝になっても弥太郎は帰って来なかった。村の者が総出で探したが、弥太郎は見つからんかった……」

こんなストーリーを語れば、子どもたちは一発で東の森に近づかなくなるでしょう。

なお、ストーリーの最後に「だから東の森に入ってはいけないよ」と続けたくなりますが、そこはグッとこらえて言わないでください。言ってしまったら最後、子どもたちは「行かせないために嘘を言ってるんだ」「昔の話だろ、いまは大丈夫さ」と都合よく言い訳をして、東の森に入ってしまう可能性が出てくるからです。

世界基準のスピーチ

ストーリーのない「コンテンツ」は聞き手の心に届かない！

話し手のテクニック13

「ふぁ……つまんない……」（コメディ戦略）

誰もが認める美人女優やタレントと結婚する人に、お笑い芸人さんが多いことは皆さんも実感していると思います。パッと思いつくだけでも「蒼井優さんと南海キャンディーズの山里亮太さん」「藤原紀香さんと陣内智則さん」「佐々木希さんと渡部建さん」などなど、いろいろあったカップルが混ざっているのは置いといて、面白い男がモテることを実感しますね。

実は、話し手にもユーモアは非常に大切です。それなのに、多くの経営者や会社の管理職・チームリーダー、学校の先生のスピーチや講義にはユーモアが足りないんじゃないでしょうか？　思わず「真面目か！」とツッコんでしまいたくなるケースが多い気がします。

一方、日常的にスピーチを行う世界的なリーダーたちは、みんな笑いを大切にしています。海外のスピーチでギャグの一つも飛ばすのは、それはもう「お約束」というレベルでしょう。

スピーチや講義に笑いを入れるメリットは、なんと言っても「緊張」が和らぐことです。人間は緊張すればするほど、頭に何も入ってこなくなる生き物であり、笑って頭がほぐれた瞬間にスルリと大事なメッセージを滑り込ませる……というイメージですね。

「下品なユーモア」は聞き手のためにならない

ただ、このユーモアを誤解して欲しくないのが、「自虐ネタ」「他の人を落とすネタ」で笑いをとるのはNGということです。

まず、自虐ネタは自分の自信のなさを表し、それを聞く人の中にインストールしてしまう可能性があります。また、他の人を落とすネタも聞く人によっては「下品だな」と感じることが多いでしょう。その結果、本来伝えたかったコンテンツ以外の部分に聞き手の注意を向けさせることになります。

「できる上司」の話し方

つまり、このようなユーモアを使うと、話し手の話が「エンパワー」ではなく「ディスパワー」になってしまうかもしれないのです。ユーモアは必ず、コンテンツに関連した上品な内容を心がけましょう。

この点で理想的なのが、ビジネススクール事業で有名なラーニングエッジ株式会社の創業者であり、ベストセラー『絆徳経営のすゝめ（フローラル出版）』の著者でもある清水康一朗社長です。

清水社長は講演会で毎回、「要するに『絆徳』とは『いいことをすると一緒にいてもらえる』思想です。……だから奥さんにもいいことをしていれば、ずっと一緒にいてもらえます」という鉄板ネタで笑いをとっています。非常に上品かつ学びになるユーモアではないでしょうか？　あなたもぜひ、鉄板ネタを作ってみてください。そしてこっそりわたしに教えてください。面白かったら使わせて頂きます（笑）。

**世界基準の
スピーチ**
•••••••••••••

「真面目な話」だけでは、聞き手の心をキャッチできないぞ!?

話し手のテクニック14

「あれ？　……なんの話だったっけ？」（バックトラック）

人間のモノ忘れが始まるのは、だいたい40代からと言われています。事実、脳トレーニングジム「ブレインフィットネス®」を運営する株式会社イノベイジが行った意識調査によると、実に40代以上の68％が物忘れを実感しているとのこと。

https://prtimes.jp/main/html/rd/p/000000011.000018484.html

ですから、話し手も「聞き手は話を忘れる」ことを前提に考える必要があります。しかし、そもそもセミナーでも学校の講義でも、話は「積み重ね」になっています。つまり、前に聞いたことを忘れると、その次に聞く話は理解できなくなってしまうのです。

ところが、普通のセミナーや講義の最中には「復習」の時間がありません。思い出せないまま話が進めば「あ～、もうわからない～」と置いてきぼりになる人も出てくるでしょう。

大切なキーワードをみんなで言ってみよう！

そういう人を出さないために、一流の話し手はセミナーや講義の中で重要なキーワードを思い出させる「バックトラック」というテクニックを使います。やり方は簡単。こんな感じです。

話し手「学習に必要なのはなんですかー？」
聞き手「エネルギー！」
話し手「伝えるときに大切なのは『なにマット』ー？」
聞き手「４ＭＡＴー！」

こんなふうに大切なキーワードなどをセミナーや講義中、聞き手に言わせるのです。これはセミナーが終わった後で復習するよりも、よほど頭の中に残ります。声を出すことで、眠気が吹き飛ぶというメリットもあります（笑）。

さらに大切なのは、聞き手に「学んでいる」「自分は成長できている」という実感を持たせることができる、という点です。この実感は、さらに学ぼうという意欲につながり、聞き手を大きく成長させてくれるのです。

世界基準のスピーチ

聞き手のための「復習」は話の最中にやってしまおう！

話し手のテクニック15

「このテク、どこで使うのかわかんない！」（ケーススタディ）

私が教えているスピーチ・セミナーに、あるコミュニケーション用テクニックを別のセミナーで学んだ方が参加されたときのこと。その方が受講後の感想で、「石井先生のセミナーを受けて『別のセミナーで学んだテクニックの使い方』が初めて分かりました。帰ったらテキストを見直してみます」と言っていたのです。

どうやら、その方が別のセミナーで学んだテクニックを、私もセミナーの中で使ってみせたのが参考になったようでした。おそらく、以前に彼女にそのテクニックを教えた先生は「実際にどういう場面でこのテクニックを使うのか」という例題を出さなかったのかもしれません。

このように、教えたテクニック・ノウハウを現実にどう使うのか伝えることを、「ケーススタディ」と言います。会社の管理職やチームリーダー、学校の先生の中には、このケーススタディをやらない人が意外に多いようです。それでは冒頭に紹介した生徒さんたちのように、せっかく話は聞いたけど実際には使えない……ということになりかねません。

ですから、話し手になる方は是非「こういうケースで使うんだよ」「こんなふうに使うんだよ」という例題を出してあげてください。

日頃から聞き手の役に立つ「ケーススタディ」を集めておこう

さて、聞き手に伝える「ケーススタディ」は、どんなものがいいのでしょうか？まず、誰にでも「あるある～！」と簡単にイメージできる身近なシチュエーションがオススメです。日常生活や子育ての場面、職場での出来事などが分かりやすいでしょう。

つまり、聞き手の状況に近いケーススタディを使うのがいいわけです。たとえば、これからやってほしいことがあるなら、「過去にそれをやった先輩アルバイトのAさんは……」「昔、先輩社員のBさんが……」といったケーススタディを使います。

なお、「Aさんはこんな失敗をしたが、Bさんはこんなふうにうまくやった」という誰かを下げて、別の人を上げるケーススタディはよくありません。なぜなら、聞き手はケーススタディの登場人物を自分に置き換えて聞くからです。

だから、ケーススタディは「Aさんが過去にこういう失敗をしたけど、先ほど伝えたノウハウを学んで成功した」というように組み立てましょう。「Aさんは昔うまく人前で話ができなかったけど、4MATで話すようになってから、みんなが話をよく聞くようになった」といった調子です。このようなケーススタディにより、聞き手は4MATを使うようになるわけです。

ちなみに、パワハラ気味の管理職やチームリーダーには「昔こういうことをした奴がいたけど、お前はするなよ！」みたいなネガティブで終わるケーススタディを持ち出す人がいます。こういうケーススタディは聞き手をディスエンパワーするだけなので、絶対に使わないでください。

セミナーなどであれば、「過去の受講生のケース」を使うと聞き手と属性が近いので役立ちます。日頃から聞き手の役に立ちそうなケーススタディを、「自分のネタ帳（ノートでもスマホでもOK！）」に収集しておきましょう。

また、学校の先生や子どもを持つ親の皆さんには、特にケーススタディとして授業で学ぶ内容が現実社会でどのように使われているのか教えてあげてほしいです。

「三角関数」や「化学式」、それこそ「慣性の法則」と「満員電車の中で起きていること」を絡めて伝えれば、子どもたちはもっと勉強に興味を持つはずです。

ちなみに、これは私が働いていた学習塾で「カリスマ講師」と呼ばれていたオーナーも使っていた技でした。ぜひ、活用してくださいね！

世界基準のスピーチ

知識やノウハウの「使いどころ」も聞き手に伝えよう！

話し手のテクニック16

「良い話で納得できるけど……実際どうやるの？」（ワーク）

太平洋戦争開戦時の連合艦隊司令長官として有名な軍人、山本五十六。数多くの部下を率いた彼の経験から生まれたのが、「やってみせ、言って聞かせて、させてみて、ほめてやらねば、人は動かじ」という名言です。どこかで聞いた人も多いのではないでしょうか？

要するに教える側がやってみせ、細かく説明し、教えられる側に実際にやらせてみて、さらにホメてあげなければ人は動かないものですよ……ということです。昔から人を動かすのって、ほんっとう〜に大変なんですね（笑）。

さて、この名言は仕事の現場やセミナー、学校でも通用します。特に教える側として抜けやすいのが「させてみて」のところ。実際、「いい話だと思うんですけど……やれる気がしません……」という方はよくいるでしょう。

そんな人のために、「それでは実際にやってみましょう！」という時間をとるのが「ワーク」です。いやホント、せっかくラポールについて教えているのに「ペアになってラポールを作るワークをしてみましょう」みたいな時間を取らないセミナー、実際あるんですよね……。

おそらく、受講生の多くが「ホントにできるかなぁ？」と不安を感じながら帰られたでしょう。

ワークの目的は「自分にもできた！」という自信を持たせること

ただ、「ワークを聞き手にやってもらう」というのは、話し手としてここまで伝えてきたことが問われる瞬間でもあります。しっかりと4MATシステム（話し手のテクニック11）で説明してきたか、この後の第4章でもご紹介するさまざまなテクニックを使い、聞き手が「できる状態」になっているか……。

そこを十分見極めた上で、初心者の聞き手に成功可能なワークを創造することが話し手には求められるのです。もし、できなかったら聞き手に「できなかった……」という失敗経験を与え、ディスパワーしてしまうことになります。ワークの内容は、しっかりと事前に検討しておきましょう。

また、あるテクニックの最も簡単な内容をレベル1、最も難易度の高い内容をレベル10だとした場合、話し手が初心者の聞き手を相手にレベル10の技を実演するのはよくありません。聞き手を驚かすことはできますが、真似できないからです。

こういう場合、話し手はレベル1の技を見せ、聞き手にもワークでレベル1の技ができた体験をさせてあげるようにしましょう。レベル10の技を見せるのは「みんなにカッコイイところを見せたい！」という自分に矢印の向いた状態です。あくまで、「聞き手にノウハウ・テクニックを渡す」ことが話し手の目的であることを忘れないでくださいね！

世界基準のスピーチ

「ワーク」をすることが、話し手の仕事の「最終テスト」になる！

第4章

その動き、聞き手のテンションだだ下がりです！

話し手のテクニック17

「なんか……言ってることと行動がおかしい」(ボディ・ランゲージ)

人前で話すのが得意だという人に、「身振り手振りが派手な人」っていませんか? たとえば、「これはこうなんです、あれはああなんです……」とまくしたてながら手を激しく上下させ、最後はドヤっとばかりに手のひらを相手に見せたりする人です。

でも、話を聞いている人になぜか違和感を覚えさせ、信頼してもらえない……。実はこれ、さまざまな身振り・手振りの意味を知らないために起こしてしまう「言葉と行動の不一致」が原因です。

話している時の身振り・手振り、いわゆるジェスチャーのことを「ボディ・ランゲージ」と言います。実はボディ・ランゲージにはすべて意味があり、人間は無意識にそこからメッセージを受け取っているのです。

このことは世界3大心理セラピストと呼ばれたバージニア・サティアによって研究されました。彼女は数多くのカップルの心理的問題を解決するセラピーを通じて、人々の一定の動きには特定の意味(メッセージ)があることを突き止めたのです。

たとえば、「手のひらを見せる」というボディ・ランゲージは「なにかをねだる」というメッセージになります。つまり、冒頭の身振り手振りの派手な人は、言葉では一生懸命に「説得」しようとしながら、ボディ・ランゲージでは「何かください」と伝えているワケのわからない人なのです！　それは相手も困惑するでしょう（笑）。

もし、冒頭の人が「何か質問はありませんか？　質問をください」と言いながら手のひらを見せたとしたら、それはベストなボディ・ランゲージです。言葉とボディランゲージのメッセージが一致しているからです。

反対に、腕を組んだ状態で「質問はありますか？」と聞いたとしましょう。腕を組むのは「拒絶」を伝えるボディ・ランゲージですから、これまた言葉とボディ・ランゲージが一致していないことになります。カッコつけて腕を組みながら、「何か質問は？」と聞いたりすると、まったく会場から質問が出てこなくなることがあるのでご注意くださいね。

ちなみに、手のひらを見せるボディ・ランゲージには「私は無力です」というメッセージが含まれており、どんどん話し手の身体から力が抜けてしまいます。さらに体重を右足か左足のどちらかに乗せて、身体を傾けるポーズ。こちらは「私の言っていることは正しくありません」というボディ・ランゲージ。

つまり、手のひらを見せたり身体を傾けて話すと、どんどん話し手の地位が下がり、説得力がゼロになってしまうのです。これらがクセになっている人は、お気をつけください！

なお、一流の話し手はあまり良くない（＝聞き手のためにならない）話をしてしまったな……と思ったら、さりげなく身体を傾けます。「今の話は正しくありませんよ～」と聞き手の無意識にメッセージを送り、エピソードが記憶に残らないようにするのです。まあ、こんなのはハイレベルなテクニックなので、基本は常にスタック・シリンダーで真っ直ぐ立つことを心がけてください。

ボディ・ランゲージの多用は禁物！

いずれにせよ、ボディ・ランゲージは意味をよく理解し、必要なときにだけ使いましょう。よく日本人の話し手に指でリズムを取ったり、身体のあちこちを触る人がいますが、これはただのクセであり、聞き手の集中力を妨げてしまいます。話し手のムダな動きに気を取られ、肝心の話の内容が頭に入らなくなってしまいます。

一方、意外に外国人はスピーチのとき身体を動かさず、つっ立っています。なかでもすごいのが、前にご紹介した「金持ち父さん　貧乏父さん」の著者ロバート・キヨサキです。

彼は講演会中、ほとんど微動だにせず話し続けます。そして、ここぞというときに何かを指し示すポーズを取ります。一回の講演会で1度か2度しか見せない動きだからこそ、その瞬間に会場全体が注目し、メッセージが深く無意識まで伝わるのです。

さて、最後にいくつか代表的なボディ・ランゲージが持つメッセージをお伝えしておきましょう。これはバージニア・サティア氏の作った分類で「サティア・カテゴリ」と呼ばれます。

それぞれのボディ・ランゲージにはさまざまな無意識に伝わるメッセージがあります。それらにより、スピーカーは意図せずネガティブな影響を聞き手に与えることがありますから、注意してください。

また、これらのボディ・ランゲージを意図的に使うことにより、ポジティブな効果を発揮することもできます。ぜひ、それぞれのシチュエーションに合わせて、使ってみてくださいね。

・プレケーター（乞《こ》う人）

●特徴：手のひらを上にして相手に見せ、振る

●無意識に伝わるメッセージ：「何かください」「私には力がありません」

●ネガティブな影響：説得したい時に使うと、どんどん話し手の力が失われる。スピーカーが無力に見え、話から説得力が失われる。

●ポジティブな使い方：聞き手から質問を受ける時に使うと、質問がたくさん出るようになる

・ブレーマー（威圧する人）

●特徴：指差しをする。または頭を突き出す
●無意識に伝わるメッセージ：「支配」「パワーを誇示する」
●ネガティブな影響：聞き手を指すと、相手に不快感を感じさせてしまう。頭を突き出しながら話すと、丁寧な言葉でポジティブな話をしているのに、威圧感を感じさせてしまう（例：子どもと話をするときに立ったまま会話すると自然に頭を突き出す形になり、ブレーマーになってしまう。子どもの視点の高さまで体を屈めた方が良い）
●ポジティブな使い方：人は指さず、空中などを指すことで人を動かすリーダーシップを発揮できる。また、ホワイトボードの覚えてほしいところを指すことで注目させたり（「ここを見ろ」というメッセージになる）、会場のトイレはあちら、と案内する場合に使うと良い。

・ディストラクター（道化師）

●特徴：壁や演台に寄りかかるなど、アンバランスな姿勢
●無意識に伝わるメッセージ：「今の話は無し！　取り消し！　忘れて！」「私は

ずっと誤魔化してますよ」

●ネガティブな影響：スピーカーが話していることの信頼性が無くなる

●ポジティブな使い方：間違ったことを話してしまった場合や、聞き手のためにならない話をした場合に、取り消すのに使える。

・レベラー（公平な人）

●特徴：胸の前あたりで両手を合わせた後、手のひらを下に向けて左右に広げる

●無意識に伝わるメッセージ：「それでいいんです」「決定」（なお、ジェスチャーの最後に下げた手のひらに力を入れたり、指の先端が相手を指すような形になるとブレーマーのジェスチャーになるので注意）

●ネガティブな影響：ネガティブなことを言いながら（例：「できませんよね～」）このジェスチャーをすると、無意識に「できない」というメッセージが刷り込まれてしまう。また、台の上に手を置きっぱなしだと、話していることすべてを無意識に固定化しようとしていることになる。そのため、どの部分を聞き手の無意識にしっかり届けたいのか焦点が定まらなくなる。

●ポジティブな使い方：聞き手にしっかり伝えたいところで、このジェスチャーを使うと無意識にしっかり定着させられる（例：「あなたはできます」と言いながらこのジェスチャーをすると、「私はできる」というメッセージが聞き手の無意識に固定化される）。

・コンピューター（賢い人）

●特徴：額やアゴに指を当てる。考えているようなポーズ
●無意識に伝わるメッセージ：数値などデータを言うときにこのようなボディ・ランゲージを使うと、賢そうに見える。また、話している内容が「小難しい」という印象を与える。
●ネガティブな影響：聞き手に「話についていけない……」という印象を与えてしまう。
●ポジティブな使い方：答えがなかなか出てこないときにこのポーズをすると、「考えているんだな……」と思われ、聞き手に待ってもらえる。また、要所で使うと「すごくいいことを聞いた！」「自分は頭が良くなった！」「ほー、そうなん

だ！」という印象を聞き手に与えることができる。

世界基準のスピーチ

「言葉のメッセージ」と「ボディ・ランゲージ」のメッセージを一致させよう！

話し手のテクニック18

「ね、ねむい……」（ビート・トーク）

遠い昔のことかもしれませんが、学校でゆっくりゆっくり話すベテランの先生の授業を「催眠授業」なんて呼んでいたことはありませんか？　特に「古文」とか「日本史」はその率が高かった気がします（笑）。

しかし、話し手としては聞き手に寝られたら困りますよね？　そこで活用してほしいテクニックが「ビート・トーク」です。

「ビート」とは音楽用語です。たとえば4ビートとは、四分の四拍子のとき四分音符を基本としたリズム。ドラムで叩くなら「タン……タン……タン……タン」

くらいのイメージです。

これが8ビートになると八分音符が基本になります。「タンタンタンタンタンタンタンタンタン」といった調子です。さらに16ビートは十六分音符がベースになりますから、「タタタタタタタタタタタタタタタタ」って感じですね。

「ビート・トーク」とは、この話すときのビートを目的によって変えること。4ビートなら「皆さん……ゆっくり……目を閉じて……息を吸いましょう……」となり、「それでは皆さん立ち上がって二人ずつグループを作ってワークを始めましょう！」と言うのが16ビートの話し方になります。

以前の私も含めて、多くの人はこのビート・トークを本能的にやっており、話すスピードを速くしたり遅くしたりしています。しかし、しっかりと「ビート・トーク」という言葉にして、意識的に使うことでさらに大きな効果が出せるようになるのです。

ビートによって聞き手の意識が変わる！

それでは、目的別に最適なビートをご紹介しましょう。

・4ビート（ゆっくり）

使うべきタイミング：
ストーリーを語るとき。聞き手の思考を止め、何かをイメージしてほしいとき

・8ビート（リズムよく）

使うべきタイミング：
コンテンツを説明するとき

・16ビート（勢いよく早口で）

使うべきタイミング・・
聞き手にワークを始めてほしいとき

普段、私のセミナーで聞き手に立って欲しい時などは、適切なビート（16ビート）を使っているのでみんな立ってくれます。もし、聞き手が立ってくれない、動いてくれないと困っている話し手の方はビートを見直してみてください。もしかしたら、8ビートや4ビートを使っているかもしれません。

このビートの選択を間違うと、聞き手は困ってしまいます。私は実際に100人規模のセミナーで実験してみましたが、4ビートで「ワークを……始めます……。立って……ください……」とやったら、本当に立たない人が出てくるという結果になりました。

なお、16ビートでストーリーを語ったり、瞑想してもらおうと思っても、聞き手は落ち着かず、イメージの世界に入ることができません。

また、どんなビートでも同じビートを使って話し続けると聞き手は眠くなってしまうので、適宜ビートを変えて話をするようにしましょう。ちなみに私はセミナーのときのＢＧＭのビートも、必要に応じて変えるようにしています。

世界基準の
スピーチ

話をするときは、目的に合った「ビート」を選択しよう！

話し手のテクニック 19

「え、時間長くない？」（スルータイム）

2021年に開催された東京オリンピック開会式では、国際オリンピック委員会・バッハ会長の「13分超」というスピーチの長さが話題になりました。テレビ中継を見ていた人の中には、途中でトイレにいった人も多いでしょう。SNSでも「一体いつまで続くんだ!?」と話題になりました。

実際、彼の前に行われた東京五輪・パラリンピック委員会の橋本聖子会長のスピーチが6分半。彼の後の天皇陛下のお言葉が十数秒だったのですから、「バッハ会長の話は長すぎる」と多くの人が感じたのも仕方ないでしょう。

バッハ会長に伝えられていた正確な持ち時間はわかりませんが、おそらく開催国の橋本会長とのバランスを考えてもマックス10分といったところ。やはりスピーチの予定時間を大幅に超えるのは、聞く人に「どうなってんの？」という疑問を抱かせ、話の内容に集中できなくさせてしまうのです。それだけでなく、セミナー講師の場合は、講演会やゲスト講師として2度と呼んでもらえなくなることもあります。

さて、セミナー講師だけでなく、経営者や会社の管理職・チームリーダー、学校の先生も、人前で話す人は決められた持ち時間を守る必要があることはわかっていると思います。しかし、なかなかうまくいかないという方も多いようです。あなたはどうですか？　この項目では、スピーチの時間管理をうまくやる「スルータイム」というテクニックをご紹介します。

まず、もし過去があるとしたらどちらにあるかイメージしてみてください。それでは未来は？　その過去と未来を線で結んでみてください。その線には、1分とか1時間という時間の区切りがついています。これを「タイムライン」と呼びます。

さて、このタイムラインは皆さんの中を通っていますか？　それとも外にありますか？　実は、人間はこのタイムラインという想像上の線が「自分の中を通っている人」と「自分の外にある人」の二種類に分類されるのです。

そして、タイムラインが自分の中を通っている人を「インタイム」、自分の外にある人を「スルータイム」と呼びます。

時間を普段から気にしていたり、時間を気にして話すトレーニングをしていると、誰でもスルータイムになっていきます。時間の流れを客観的に、俯瞰して見るタイプです。

一方、インタイムは時間の流れを客観視できず、「今この瞬間」しか感じられないタイプです。ですから、日常生活で遅刻をしまくる人はインタイムの人が多いのです。絶対に秘書みたいな仕事をしないほうが良いタイプですね（笑）。

たとえば、自宅の最寄り駅での待ち合わせで、「今から10分で着くよ！」と連絡するものの20分以上かかったりします。家を出る前に着替えたり、荷物を用意したり、靴を履いたり、改札を通過するなどの時間の見積もりが曖昧な上に、今に集中してしまい、思った以上の時間を準備にかけてしまったりするからです。

インタイムの人は、スピーチの場合も時間にルーズな話し手になってしまいます。「この内容を話すのにかかる時間」、「伝えたい話題に到達するまでにかかる時間」などを意識できないからです。

時間感覚はトレーニングで身につけられる!

というわけで、スピーチの時間を守るコツは「インタイム」から「スルータイム」になりましょうということになります。方法は簡単。まず、タイムラインを想像して自分の外に出すところをイメージしてください。

その上で、日常生活やスピーチの際、常に時間を意識してみましょう。インタイムの人は体内時計と現実の時計がずれており、スルータイムの人はそれが一致しているのですが、これが次第に合うようになってきます。

また、スピーチの際に自分なりのタイムスケジュールを作っておくことも大切です。NASAの宇宙飛行士は一日のスケジュールが5分刻みだそうですが、ここまで細かくなくても構いません。

90分のセミナーであれば、30分刻みくらいで話すテーマやワークなどを考えておきます。質疑応答の時間も忘れずに。

なお、これがベストというタイムスケジュールはありません。自分が心地よいと感じるものを作りましょう。細かいのがいい人、大雑把がいい人、それぞれのスタイルがあります。ただ、スピーチ時間を守れる話し手の共通点は「タイムスケジュールがあること」です。

・スルータイムになる方法

1. タイムラインを自分の体の外に出し、眺めるイメージ・トレーニングをする
2. 日頃から時間を意識する。体内時計と現実の時計のずれに気づく。
（例：1分間の制限時間で自己紹介をしてタイムを計測する）
3. タイムスケジュールを作って、スピーチを行う

ところで、なぜ話し手はスルータイムになった方がいいのでしょうか？ わざわざそんなことをしなくても、「時計を見ながら話せばいいじゃん」とか「予定した内容を予定した時間通りに話す練習だけすればいいいんじゃない？」と思う人もいるかもしれません。

実はプロの話し手がスルータイムを身につけるのは、聞き手の反応に合わせてスピーチ時間を自在に調整する必要があるからです。

たとえば、4MATシステム（話し手のテクニック11）で話をしているとき、

予定のＷｈｙだけで聞き手が食いついてこなければ、もう少しＷｈｙを伸ばす必要があります。当然、そうすると後ろのＷｈａｔやＨｏｗの時間を調整しなければなりません。

これをスピーチしながらリアルタイムにこなすのは、いくら時計を見たり時間通りに話す練習をしても不可能です。だからプロの話し手はスルータイムを身につけるのです。

あとは、講演会などで主催者からいきなり「すみません、スピーチ時間を◯分にしてください！」とか「すみません、テーマを◯◯に変更してください！」といった無茶振りをもらうことがある……という切実な理由もあります（笑）。

ちなみに、あんまり時間ばかり気にする人も「時間オーバーしたら怒られる……」という自分に矢印が向いた状態になっています。スルータイムのトレーニングをするのは、時間に気を取られず聞き手の学びに集中するためであることを忘れないでください。

改めて強調しておきますが、話し手にとっては時間を守ることが大切なのではなく、時間を守ることで聞き手が集中して学び続けられるようにすることが大切なのです。

だから、もし必要に迫られたなら（例：まだ伝えるべきことがある）、理由を述べて「終了の時間ですが5分伸ばします」と聞き手に許可をとってください。そうすれば聞き手の集中力が途切れることはありません。

世界基準のスピーチ

時間を意識するトレーニングを積み、最終的に時間から解放されよう！

話し手のテクニック20

「喋り方、淡々としすぎじゃない？」（モチベーション・アンカー）

40代以上の世代は、今でもロックバンド『ＴＵＢＥ』の音楽が流れると、一気に夏気分が盛り上がるのではないでしょうか？　また、ミュージシャンの山下達郎さんが歌うクリスマスソングを聞けば、自動的に冬や雪のイメージが浮かぶはずです（笑）。

こういった人間の特定の心理状態を呼び起こす刺激が「アンカー」と呼ばれているのです。冒頭の音楽などは「音によるアンカー」と言えるでしょう。

実はプロの話し手は、アンカーの力をスピーチで使っています。使っているアンカーの例を挙げると、「トレーナー・ステート」「情熱」「自信」「爆笑」などおよそ5〜6種類です。

そんなアンカーを「左拳の人差し指の付け根を押すと発動する」などと準備しておき、スピーチの最中に必要に応じて使うのです。そうすると、話し手はそのアンカーに込められた状態になることができるのです。冒頭の『TUBE』を聴いて夏気分になったり、山下達郎を聴いてクリスマス気分になったりするようなものです。

あなたも自分のモチベーション・アンカーを持ってみよう！

私たちの身の回りでも、いろいろな人がアンカーを使っています。野球のイチロー選手は打席に入る前に必ず同じ一連の動作をすることで集中力を高めていました。あれもアンカーの一種です。

2019年のラグビーワールドカップ日本大会で活躍した、五郎丸選手の忍者ポーズも集中力を高めるアンカーだったと言えます。

というわけで、あなたが話し手としてスピーチする際も、身近なものを利用してアンカーを使ってみましょう。

たとえば、スピーチの直前、やる気の出る映画のクライマックス・シーンを見るのもいいでしょう。ステージに登場するとき、映画『ロッキー』のテーマソングをBGMにしてはどうでしょうか？　また、匂いを嗅ぐとやる気になる香水を嗅いだり、つけたりするのもオススメです。

さて、冒頭にご紹介したプロの話し手が使うアンカーは、より強力かつ即効性があります。たとえば、スピーチの最中に頭がパニックになりそうになったら、「トレーナー・ステート」のアンカーを使います。これを使うと、一瞬で冷静なトレーナー・ステートの状態に戻れるのです。

ほかにも、緊張したら「自信」のアンカーを、やる気が出なければ「情熱」「力強さ」のアンカーなどを使います。

ちなみに、より高度なアンカーの使い方としては、いちいち動作をしなくても意識するだけで発動するアンカーや、必要な状態になると自動的にアンカーが発動する……というものもあります。

ただ、プロの話し手が使うレベルのアンカーを入れるには、専門家のサポートが必要です。うかつに本でご紹介すると、逆効果のアンカー（押すと「自信を失う」「不安になる」みたいな！）が入る可能性があります。ですから、深く学びたい方は私の『エンパワースピーカー・トレーニング』というセミナーを受講してくださいね！

世界基準のスピーチ

「アンカーの力」で自分をパワーアップさせよう！

話し手のテクニック21

「分からないの誤魔化そうとしてるよね……？」（どうにかする力）

「転失気《てんしき》？　それは……今朝、みそ汁にして食べちゃった」

古典落語の有名なネタに、お医者さんがお寺の和尚さんに「おなら」のことを「転失気」といったところ「転失気ってなんですか？」と聞けなかった和尚さんが小僧さんを使いにやり、小僧さんがこれまた知ったかぶりの八百屋さんに「転失気は野菜だよ」と教えられ、その報告を信じた和尚さんが恥をかく……というものがあります。

このように、分からないものを「分かりません！」と言わないといずれ周囲にバレます（笑）。それこそ、話し手が聞き手の質問をよく分からないのに適当に答えていると、「分からないのを誤魔化そうとしてるよね……」と気づかれてしまうのです。

そもそも、分からないことを誤魔化そうとすると会話が噛み合いません。結果として、聞き手とのラポールが切れてしまいます。これでは聞き手は話し手から学ぶことができません。いったい、どうすればいいのでしょうか？

「分からない」は最強のテクニック（？）

答えは簡単、素直に「分かりません」「教えてください」「後で師匠に聞いときます！」と言えばいいのです。この項目は「どうにかする力」というタイトルですが、別に特別なテクニックはありません（笑）。

特に男性の話し手は「分からない」「知らない」が言えないみたいですよね……。そこは素直に「分からない」と言わなくちゃ！というところで意地を張るので、余計ドツボにハマるのです。

プロの話し手といえども、世の中には分からないこと、知らないことはたくさんあります。だからこそ、分からないことは分からないと言った方が、かえって聞き手から信頼されるのです。

私なんか、セミナーでよく知らない話題を振られた場合、聞き手に聞いてしまいます。「わからないんだよね〜。誰か話せる人いる？」と聴衆に投げかけてしまうのです。それこそ医療に関することであれば、会場にいるお医者さんか看護師さんに話を振ってしまえばいいのです（笑）。

また、「アドラー心理学によれば……」とか「仏教の教えによると……」みたいな難しい質問を受けて、それが分からない場合。私は「そうなんですねー」「私はアドラー心理学には詳しくないんですがー」「アドラーはなんと言ってるんですか？　……それは、こういうことですか？」というふうに話を持っていきます。

つまり、質問した人の前振りがわからなくても「相手の聞きたいこと」には答えられるわけです。わざわざ自分の知らないフィールドで無理に答えを出そうとせず、素直に分からないことは質問していきましょう！

世界基準のスピーチ

「どうにかする力」とは、素直に「分かりません」と認める力

話し手のテクニック22

「……新人かな？」（感情行動の管理）

話し手のテクニック12「ストーリーテリング」でもお話ししましたが、話し手は自分自身の体験を聞き手に役立つストーリーとして話すことがあります。私であれば、「非課税世帯の収入しかなかった」「自殺願望があった」「ヘルニアで緊急入院した」「離婚した」「ガンになった」といった内容です。

このような経験談を話すとき、当時のつらい感情が蘇ってきてボロボロに泣い

てしまう話し手がいます。聞き手は同情してくれるかもしれませんが、それでは聞き手の学びにならないのです。

また、話し手と聞き手の立場が逆転してしまい（教える側と学ぶ側が逆転する）、話し手の伝えたいことが聞き手に届かなくなってしまうこともあります。

これらは、話し手が「感情に呑まれている状態」です。新人かな……と聞き手に感じさせてしまうでしょう。

以前、私の事務所に飛び込みで信用金庫から二人組の営業担当者が来たことがあります。一人が40代、もう一人が30代に見えました。さて、皆さんはどちらが上司で、どちらが部下なのか名刺を見ずに分かるでしょうか？

最近は会社の年功序列も減っていますから、年齢が上の人が上司とは限りません。そういった外見的な要素よりも、相手が「感情行動を管理できているか」という行動面で判断する方が確実です。

たとえば、腹の立つことを言われた時に簡単に怒っちゃう人は、感情行動が管理できていないのでおそらく部下でしょう。一方、そんな時でもしっかり冷静に対応できる人は、感情行動が管理できているので相当なベテランか上司だと分かるのです。

感情が乱れたら……「トレーナー・ステート」に戻ろう！

一流の話し手は、常に自分の感情・状態を把握しながら話しています。これを「感情行動の管理」と言います。冒頭の自分自身のつらい経験も、感情をコントロールしながら話さなければなりません。

ポイントは、泣いてもいいけれども「トレーナー・ステート」から抜け出さないこと。感情行動の管理とは、結局これに尽きるのです。

まあ、実はもう一つ「感情のリリース」をしておく……というのも話し手にとっては大切なのですが、これも専門家のサポートが必要なので割愛させてください。どうしても知りたいという方は、私の『エンパワースピーカー・トレーニング』というセミナーを受講してくださいね！

世界基準のスピーチ

話し手は感情を込めてもいいが、感情に振り回されてはならない！

話し手のテクニック23

「みんな、なんかバラバラだ……」（タックマン・モデル）

今さらですが、この本を読んでる皆さんは「話し手」ですよね？　そんなあなたは経営者や会社の管理職・チームリーダー、学校の先生など、さまざまな集団を導くリーダー的存在であることが多いと思います。

そこでちょっと質問ですが、聞き手である集団の人たちに対して「みんなバラバラに動いてるなあ……」「もっと力を合わせて欲しいんだけど……」と感じることはありませんか？

たとえば、セミナー受講生の「バラバラ状態」を放置しておくと、そのセミナーの満足度が下がります。会社の部署であれば成果が出ず、学校であれば特に思い出に残らないクラスになってしまうわけです（涙）。

放っておくわけにはいきませんよね？　実は、こういうシチュエーションにも話し手に「やるべきこと」があるのです。

そのために知っておいて欲しいのが、「タックマン・モデル」です。これは人間の集団の成長過程を科学的に解析した理論であり、あらゆる集団はタックマン・モデルの通りに成長すると言われています。

タックマン・モデルは、次の4段階からなります。

1. フォーミング
2. ストーミング
3. ノーミング（3-A）またはパフォーミング（3-B）
4. トランスフォーミング

それぞれについて解説しつつ、話し手として何をすればいいのかお伝えしていきましょう。

1. フォーミング

フォーミングとは、メンバーが初めて集まった段階です。セミナー会場であれば、セミナー開始の直後。会社であれば新しい部署の顔合わせ。学校であれば新しいクラスに登校した初日といったところです。

つまり、あなたの「聞き手」はお互い初めて顔を合わせた人たちばかり。みんなドキドキ、心は不安でいっぱいです。特に感じやすいのが「自分はここにいていいの？」「私、この場所にふさわしいのかな？」という気持ちです。

これでは、聞き手はあなたの話を聞くどころではありません。それどころか、セミナーの途中で帰ってしまうこともあるでしょう。ですから、一刻も速くフォーミングを突破して、次のストーミングの段階に移行する必要があります。

さて、ここで話し手のあなたがやるべきことは、「包括的トーク」です。不安な気持ちでいっぱいの聞き手に、「あなたはここにいていい」「この場所はあなたにふさわしい」という安心感を与えなければなりません。

方法は状況によって、次の2パターンに分かれます。

●包括的トーク（パターン1）

状況：人数が多く、聞き手に自己紹介をさせられない

手順：

1.「経営者の人、手をあげてくださーい！」「主婦の方、手をあげてくださーい」などと声をかけ、聞き手の属性を確認する。

2.「今日のセミナーでは、経営者の方はこんな知識を手に入れられます。そして◯◯のような結果が得られるでしょう」「主婦の方には、こんなノウハウが身に付きます。そして、××のような結果を得ることができます」など、それぞれの属性ごとにコメントしていきます。

ポイント：聞き手の属性に応じて、どんなメリットが得られるのかなどを切り口にコメントしていく。そうすることで、聞き手は自分の存在が認められた＝自分はこの場所にいていい・この場所にふさわしい、と感じられるようになる。（フォーミング完了）

●包括的トーク（パターン2）

状況：人数が少なく、聞き手に自己紹介をさせられる

手順：

1. 全員に自己紹介をさせる。
2. 一人の自己紹介が終わるたびに、話し手は自己紹介からネタを拾ってポジティブなコメントをする。「○―○さんは、○○がしたいんだね？ それなら全力でサポートするよ」「○○君は、○○を大切にしているんだね。一緒に頑張っていこう！」など。

ポイント：聞き手の自己紹介からネタを拾い、肯定的なコメントをすることでメンバーの存在を承認していく。その結果、聞き手は自分の存在が認められた＝自分はこの場所にいていい・この場所にふさわしい、と感じられるようになる。（フォーミング完了）

包括的トークのとき、話し手はハカラウ全開で聞き手の状態をモニタリングする必要があります。逆に言えば、ハカラウを使っているから聞き手に安心感を与えるような言葉を使ったり、表現方法を調整できたり、自己紹介から適切なコメントを拾ったりできるのです（ハカラウ、ほんと超重要ですね！）。

2. ストーミング

第1段階のフォーミングは最初の「ご挨拶」みたいなもので、聞き手はお互いの様子を伺ってネコをかぶっています(笑)。話し手は、一刻も早くその「ネコの皮」をはぎ取らねばなりません。

なぜなら、聞き手にホンネでぶつかってもらわなければ集団が機能しないからです(お互いが遠慮していたら、そのチームは競争に負けてしまいますよね?)。この段階を「ストーミング」と呼びます。

このストーミングは放っておいても起きません。ストーミングが起きるには、「解決困難な課題に直面する」「時間制限がある」という二つの条件が必要だからです。

というわけで、タックマン・モデルを知っている話し手は意図的にストーミングを起こします。よくあるのは、ゲームを用いる方法です。

●ストーミングを意図的に起こす

状況：集団のそれぞれが顔見知りになっている（フォーミングが完了している）

手順：

1. 聞き手をいくつかのチームに分け、難しいテーマについて議論してもらう。または、なんらかのゲームにチャレンジしてもらう。必ず厳しめの時間制限を設ける。
2. 話し手はチームの様子に気を配り、適切に介入する。

ポイント：ストーミング中の聞き手は、めちゃくちゃ熱くなっています（笑）。話し手は必要に応じて、チームの状態を気づかせなければなりません。

たとえば、チームの中に「言い過ぎている人」「言わな過ぎている人」「他人のことばかりやって自分のことをやっていない人」「自分のことばかりやっている人」がいれば、それぞれに気づきを与え、ちょうど良い状態に各自調整してもらいます。

ストーミングで使えるゲームとしては、「チームメンバー全員が手を繋いだ状態でフラフープをくぐり抜けるタイムを競う」「A4の紙1枚の上に大人が6人で数秒間乗るチャレンジ」といったものがあります。

最初は「出来っこないよ……」などと斜に構えていたメンバーも、成功するチームが出てくると目の色が変わります。

その様子は実に面白いのですが、あくまでストーミングはチームで乗り越える必要があるので、話し手は介入しすぎに注意してくださいね！

ちなみに、「黙っている（話し合いに参加しない）」のも一種の不満の表現であり、ストーミングの一種です。チームとして乗り越えるべき課題（メンバーの話を引き出す、チームに加わらせる）ですから、話し手は無理に介入せず、他のメンバーの動きを見守ってあげてください。

3―A．ノーミング

ストーミングの中でチーム内のすべての課題が解決できず、なんとなく妥協でチームとして動き出した……そんな状態がノーミングです。一応、チームとしてのまとまりや統一感が出てきたように見える段階です。

具体的には、ストーミング中のメンバーは、立って議論するメンバーや座って議論するメンバーなどまちまちです。しかし、ノーミングに入ると不思議に全員が立っていたり、または全員が座っていたりします。これは話し手にとって、チームがストーミングを抜けたかどうか判断するのに使えます。

ただ、ノーミングの状態はズバリ「上手くいっているけど物足りない」「……まぁ、これで良いや」というぬるま湯状態です。正直、このレベルでセミナーや講演を終えると、聞き手に十分な満足感を与えられません。つまり、リピーターになってもらえないのです。商売上、非常に大きな問題ですね（笑）。

冗談はさておき、ノーミングの段階は「現時点の自分の能力を発揮できた」というレベルであり、聞き手は成長を感じられません。もう一度フォーミングやストーミングをやり直し、真のチームとしての一体感や自分自身の成長を実感できる「3―B．パフォーミング」へと聞き手を導いていきましょう。

実はパフォーミングではなく、ノーミングに入ってしまうのは「フォーミング」と「ストーミング」が完了していないためです。具体的には、チームメンバーに対する大きな違和感はクリアされているものの、まだ「小さな違和感」が残っているということ。

ですから、もう一度フォーミングに戻ってチーム・メンバー同士でお互いをより深く知ったり、ストーミングに戻ってチーム内に存在する課題をクリアしたりすることがパフォーミングに入るカギになります。

たとえば、チームの中で「この人、またチームメイトの◯◯さんに意地悪してるな〜。……そこまで気にならないけど」と感じている人がいたとします。実は、それが小さな違和感としてチームの成果を落としていたりするのです。

ちょっと汚い例で恐縮ですが、タンが喉に絡むのって本人も周囲もそれほど気にしないものです。しかし、「それ、問題だよね?」「原因はなんだろう?」と指摘され、解決したとしたら……めちゃくちゃスッキリすると思いませんか?

また、足の裏にくっついたコメ粒をとったりするのも、意外なほど大きな変化が起きます(あれ、気になりますよね〜)。

私が従業員2000名の経営者の方や、一人で年間売上1億円を超えるような営業マンを個人コンサルする場合も、飛躍のきっかけは本人も気づかないような「小さな違和感」を解消することです。

守秘義務があるので具体的な内容は言えませんが、いずれも本人が「え? そこ?」というような意識していなかった部分を解放することが、大きな成長につながりました。

参考までに私の場合をお話しすると、「ちょっとだけ寂しい」という気持ちを時々感じてたんですね。全然、気にしてなかったんですけど。でも、これを認めて解放したら、びっくり！　私の営業チームが爆発的な行動力を発揮し始めたのです。

●ノーミングを突破する方法

状況：集団の大きな違和感は解消されている（ストーミングまでの段階が完了していない）

手順：

1．チームのメンバーが気づいていない「小さな違和感」を話し手が指摘する。

2．チームで「小さな違和感」を解決するために話し合ってもらう

ポイント：こればかりはケース・バイ・ケースですが、「普通は気にならない問題をあえて解決する」「聞き手が大切だと思っていないことを指摘する」ということを心に止めておいてください。

3―B．パフォーミング

おめでとうございます！　聞き手がこの段階まで来ればヤミナーは成功、リピーターも間違いなしです（笑）。チームのメンバーはみんな、「過去の私より成長している！」「このままの勢いが続けば良いのに！」「幸せすぎて怖い！」という感覚を持っています。

チームがチームとして機能し、パフォーマンスを発揮している状態です。会社で言えば、年商が一気に10倍になったみたいなイメージです。

この段階では「わー！　すごーい！　……でも、こわーい……」とブレーキを踏む人が出始めます。ま、無理もありません。

しかし、もしこのパフォーミングを超える段階（トランスフォーミング）まで行こうとするなら……アクセルを踏み続ける必要があります。具体的には、聞き手にどんどん次の目標を立てさせ、先へ先へと進ませるのです。

たとえば、私のセールス・セミナーではパフォーミングに到達したチームに、「さあ、次の10分でセールス電話を10本かけるよ！」というワークをやってもらいました（笑）。

これも私の事例ですが、非課税世帯の収入しかなかった翌年、突然年商が３０００万円に到達しました。その翌年も３０００万円を達成。まさにパフォーミングの段階でしたが、不安になった私は「経営について勉強しよう……」「ちょっと足元を固めよう……」と成長にブレーキをかけようとしました。

ところが、ある人に「誰もが飛べるチャンスをもらえるわけじゃない、飛び続けろ」というアドバイスをもらったのです。「学ぶべきときが来れば学ぶことになる。もし墜落しても元に戻るだけじゃないか」とも。

この言葉でブレーキをかけるのを私はやめました。すると、翌年の年商が４５００万円、その翌年が７０００万円、その翌年には年商１億円を超えました。もし、あのとき「そのまま行け！」と言われなかったら、年商３０００万円で止まっていたでしょう。

パフォーミングとは、そういう大化けするかどうかのターニング・ポイントでもあるのです。

●パフォーミングを突破する方法

状況：集団はかなりうまくいっている実感がある（ストーミングまでの段階が完了している）

手順：

1．すごい目標を立てる

2．話し手も聞き手も夢中で頑張る

ポイント：正直なところ、パフォーミングを突破できるかどうかは運の要素が強いです。集まったメンバーやタイミング、いろいろな要素に影響されるからです。

4．トランスフォーミング

聞き手がパフォーミングを突破し、トランスフォーミングの段階に達するのは一つの奇跡です。まさにチームはトランスフォーム（変身）し、想像を超えた感動が生まれるからです。

さて、トランスフォーミングまで到達したチームのメンバーは、ギャル風にいうと「私たちズッ友だよ！」みたいになります。しかし、うまく話し手が仕組みを作ってあげないと、2度と連絡は取らずじまいで終わってしまいます。これは非常にもったいない！

私は聞き手に、「エビングハウスの忘却曲線」という法則を伝え、このタイミングでチームメイトと連絡とってね〜、と促しています。具体的には「セミナー終了の直後」「翌日」「1週間後」「1ヶ月後」の4回です。これでめでたくズッ友になれます（笑）。

●トランスフォーミングを今後に活かす方法

状況：集団はすごい結果を出している（パフォーミングが完了している）

手順：

1．話し手は聞き手同士が連絡できる仕組みを作る

2．仕組みを利用して聞き手同士が連絡をとる

ポイント：私の営業セミナーの事例ですが、トランスフォーミングの段階まで達したセミナー受講生たちがセミナー終了後に協力し、数千万円の売上を上げた

……ということもありました。

以上がタックマン・モデルという集団の成長理論です。これを活用して、ぜひ聞き手を集団としてまとめ上げてください。それに成功したとき、ステージ上から聞き手が一つの生き物のように動く光景を見ることができます。メチャクチャ感動しますよ⁉

世界基準のスピーチ

タックマン・モデルを活用し、聞き手に対するリーダーシップを発揮しよう！

第5章

感動は科学で作り出せる

話し手のテクニック24

「なんか……この人に魅力を感じないんだよね……」（カリスマ・パターン）

皆さんは「自分にもっとカリスマがあったらなあ……」と思ったことはありますか？　経営者や会社の管理職・チームリーダー、学校の先生など、人前で話をする機会がある人なら、一度はスティーブ・ジョブスのようなカリスマ性が欲しいと考えたことがあるかもしれません。

しかし、そんなカリスマ性を身につけるなんて無理……と諦めている方がほとんどでしょう。しかし、大丈夫です。実はカリスマは科学的に再現できるものであり、あなたも身につけられるのです。

というわけで、この項目では「カリスマを発揮する喋り方」をご紹介しましょう！

カリスマを発揮する喋り方

1．感覚的な話題から、ゆっくり話し始める

「……お腹はいっぱいですか？」

2. 聴覚的な言葉で、少しペースアップして話す
「ステーキのジュウジュウ焼ける音が聞こえるでしょう……?」

3. もう少しペースアップして、視覚的な言葉を続ける
「鮮やかな赤身肉が、トロンと見えますね……」

4. ここで、いったん話すスピードを落とし(2よりは早く)、VAK+ADすべての表現を駆使しつつ、トレーナー・ステートで話し続ける

……はい、以上の4ステップをカリスマ・パターンと言います。これで聞き手は話し手にカリスマを感じてくれますし、聴衆全体とのラポールも作れます。

話し手にカリスマを感じさせるメリットは、たとえば聴衆が40人もいるようなセミナーでも、最初から全員が積極的にワークなどに取り組んでくれることです。逆に、カリスマ性を感じさせていないと、ワーク一つやるにも苦労しますよ?

なお、セミナーであれば休憩後は毎回、このカリスマ・パターンでスタートしましょう。これはラポールをつなぎ直すことにもなります。

多くの話し手は、カリスマ性を感じさせたりラポールを繋いだりするのは、セミナー最初の1回目だけでいいと油断しがちですが、カリスマ性やラポールはそのままにしておくとドンドン薄れていくことがあります。逆にカリスマ・パターンを繰り返すことで、よりカリスマ性を感じさせ、深いラポールを築くことができます。

とにかく、最初からハイテンポ&ハイテンションで話すのはNGということ。カリスマ性を感じさせたい話し手の人は、ぜひ覚えておいてくださいね。

世界基準のスピーチ

カリスマは常に余裕を感じさせるのがコツ。ゆっくりと話を始めよう!

話し手のテクニック25

「この人、さっきから同じ質問に答えてない?」(上級的質疑応答)

「おやつはバナナに入りますか!?」

昭和の頃から繰り返されてきたこの質問、令和になっても生き残っているようです。ちなみに、この後は延々と「○○は持ってきてもいいですか？」「○○はどうですか？」という個別質問が続きます。

子どもの遠足のおやつであれば問題は小さいですが、これがマーケティングのセミナーだったらどうでしょうか？　聞き手が「X（旧：Twitter）の場合はどうでしょう？」「フェイスブックだったら？」「インスタグラムだったら？」「○○だったら？」「××だったら？」……キリがありませんね？　セミナーに参加している他の聴衆もウンザリしてしまうでしょう。

質問回答では「根本の問題」を解決してあげよう

こうならないような話し手による質疑応答を「上級的質疑応答」と言います。上級的質疑応答とは、表層の問題に答えるのではなく、根本の問題を解決する答え方です。

先ほどのマーケティングの質問であれば、表層的な答えをすると「ＳＮＳ別」「市場別」の質問が出てきます。しかし、根本の問題を解決する答え方をすれば、あらゆるSNS、市場に適用できるので、つまらない質問が出てきません。

たとえば、マーケティングセミナーで「顧客にこう反論されたらどうすればいいでしょう?」という質問に「こう言ってください」「ああ言ってください」という回答をしていたら、いつまで経っても質疑は終わりません。

一方、「顧客に反論されるのは4MATシステム（話し手のテクニック11）のどこかが欠けています。確認してみましょう」という回答であればどうでしょうか? 根本の問題を解決してくれる回答なので、そこで聞き手は納得するのです。

ちなみに、この上級的質疑応答を極めると、ほとんど質問が出なくなり、聞き手は「やってみます!」しか言わなくなりますよ。

世界基準のスピーチ

「表層的な質問回答」を繰り返すと、他の聞き手が飽きてしまう!

話し手のテクニック26

「この部屋おかしくね?」（環境整備）

話し手が学ぶべきことは、話し手としての技術以外にもあります。意外なところでは、「話す場所についての知識」です。みなさん、どんな部屋で話しても別に何も変わらないと思っていませんか？

いえいえ！　実は話を聞く環境は、聞き手に大きな影響を与えているんです。

たとえば、次のような特徴を持った部屋は最悪です。

・部屋の真ん中に柱がある
・部屋の形がいびつである
・部屋の照明に不備がある（一部が点灯しない）
・壁紙や絨毯の模様がうるさい
・天井が低い
・窓がない

目指すべきは「ミニマリスト」が住む部屋！

これらの環境を、無意識は一つの「提案」として受け取ってしまうのです。それはいわば、周りからやたらと話しかけられているようなもの。結局、話し手の話に集中できなくなってしまうのです。

ですから、セミナー会場などは可能な限り、特に注意を引かれるもののないシンプルな部屋が望ましいのです。スピーカーなども使わないなら、黒い布で覆ってしまいましょう。

セミナー受講者のために用意した荷物置き場も、聴衆の視界に入らないようにする必要があります。

おしゃれな部屋をセミナー会場として選びたくなるかもしれませんが、学びに不要なものが多いのでオススメしません。特に奇抜でデザイン性の高い時計があったりするのは要注意。私は聞き手の注意を引いてしまうので、セミナー会場の時計はどんなものでも外してしまいます。

置物や張り紙も、移動させたり外したりし、後で戻せばいいのです。会場を選ぶ前に、必ずここまでに挙げたような条件をチェックしてみてくださいね。

なお、職場や教室、職場の会議室など部屋を選べない場合は次のようにしてください。

・張り紙がアンバランスなら綺麗に真っ直ぐ貼りなおす（破れたり、色褪せたりしたポスターなどがあれば外す）

・置いてあるものを片付ける（デスクの上のものを全部しまう）

とにかく、必要ないものは全部、目につかないようにしましょう。モノがあればあるほど、聞き手を話に集中させる難易度は上がってしまいますよ！

世界基準のスピーチ

会場選び・会場整備も話し手の仕事のうち！

話し手のテクニック27

「あれ、どういう意味なんだろう……？」（サジェストロジー）

話し手のテクニック26で、無意識は環境を一つの「提案」として受け取ってしまう、ということをお伝えしました。実は環境だけでなく、すべてが脳に影響があることを多くの話し手のみなさんは知りません。

たとえば、室内にある細かい備品も聞き手には影響します。置物があれば、「なんで置いてあるんだろう?」と無意識は考えます。演台もセミナールームによく置いてありますが、必要ないなら片付けましょう。地面に張り巡らされたケーブル類も、テープでしっかり隠しましょう。

本項目のタイトル「サジェストロジー」とは、この「すべての物事は脳に対する提案である」という観点の研究分野です。サジェストロジーによれば、「置いてあるもの」だけでなく、話し手のテクニック17でご紹介したボディ・ランゲージも提案の一種です。

だからこそ、話し手の基礎状態である「トレーナー・ステート」は、基本姿勢が「不動」になっています。

まっすぐな不動の立ち姿は、聞き手の無意識に一貫性や自信を伝えます。言い換えれば、話し手の姿そのものが提案になっており、聴衆は自然に自信を持ったり、やる気を出したりするようになります。

つまり、相手（＝聞き手）になってほしい姿には、自分（＝話し手）がまずなれば良いのです。

余計な「サジェスト（＝提案）」で聞き手を惑わさない！

さて、話し手は髪型にも注意してください。アシンメトリー（左右非対称）な髪型にしたり、体を動かすとやたらに動いてしまう髪型は、聞き手に「不安定さ」という提案をしてしまいます。

おでこを出し、あまり動かない左右対称の髪型を選ぶようにしましょう。服装もあまりヒラヒラしたものは聞き手の注意を引いてしまいますから、シンプルを心がけてくださいね！

やや余談ですが、意図しないことがセミナー中に起こることもあります。たとえば、大きな虫が会場に飛び込んできたとしましょう。そういう場合は無視せず（虫だけに！）、「なにかいいことがあるかもしれませんね……（虫の知らせ）」など逆に話に利用していきましょう。

私の経験では、救急車のサイレンが聞こえてきた時に「急いで取り組もう！」

ということを伝えるメッセージ、として話に取り入れました。そうした臨機応変な対応をすることで、聞き手の集中を途切れさせずにすみます。

世界基準のスピーチ

「話し手の存在」そのものが聞き手へのメッセージ！

話し手のテクニック28

「なんだか……かわいそう……」（思考明確化パターン）

いよいよ本書も終わりに近づいてきました。この項目と次の項目では、話し手が陥りがちなパニックや硬直の対策テクニックをご紹介していきましょう。

まずは、パニック（＝混乱）です。ステージ上でパニックを起こし、オロオロしている話し手……まあ、考えうる最悪の状況に思えますね？　しかし、それほど大したことではありません。ここでは「思考明確化パターン」というテクニックを使ってください。

そもそもパニック（＝混乱）とは、次のどちらかです。

状況が把握できない状態↓情報が整理できていない
方向性が定まらない状態↓選択肢が選べていない

情報を整理し、選択肢に優先順位をつける

こんなときは「ちょっと私も混乱してるので、書き出して整理しますね〜」と言って、ホワイトボードに情報を整理してみましょう。こういう時、たいてい聞き手も混乱してますから、かえってありがたがられますよ。

思考明確化パターンとは、このように情報を整理して選択肢（アイデア）を明確にし、優先順位をつけることを言います。絡まったヒモを解いていくようなイメージですね。

ちなみに、思考明確化パターンを日常生活でも使っていると、ステージ上で混乱しにくくなります。

また、パニックの原因が心理的な圧迫感によるものならば、トレーナー・ステー

トに戻れば良いだけです。すぐに落ち着いて、自分を取り戻せますよ！

世界基準のスピーチ

困ったときは「ホワイトボード」に書き出してみよう！

話し手のテクニック29

「止まった……？」（行動習慣）

続いて、硬直の対策です。ステージ上で話し手が固まってしまう……よくあることですが、これも「行動習慣」というテクニックで解決できますよ！

固まってしまうことをフリーズする、って言いますよね？　このフリーズは放っておくと、どんどん進行してしまいます。ようはどんどん固まり具合が悪化してしまい、何もできなくなってしまいます。

このときの話し手の頭の中は真っ白です。私もなった経験があります。次に話すアイデアが浮かばない。「たとえ」が出てこない。話そうと思っていたことが飛んでしまう。準備していたはずなのに出てこない。質問にも答えられない……。

体を動かすと頭も動き出す！

そんなときは、とにかく「行動」してください。「あ、フリーズしたな……」くらいの感覚で受け止め、「はい」とか「あ〜」とかセリフを言ってもいいですし、わずかに体を動かすのでも構いません。これが「行動習慣」というテクニックです。何かしらの行動をすると、「硬直」「フリーズ」という状態（ステート）から抜け出したことになります。すると不思議なもので、急激に頭が回転し始めるのです。

この行動習慣は、なんでも構いません。「今日ね……」という一言でもいいですし、一歩でも歩くのでもいいのです。間があっても大丈夫です。聞き手は勝手に「意味があって間を取ってるんだな……」「何か考えてるんだな……」と思ってくれます。

ちなみに、私がフリーズしたときは、「何を言おうと思ったか忘れちゃったけど……」とか「私、なに話してたっけ……？」と聴衆にぶっちゃけちゃいました。

しかし、これらも立派な行動習慣であり、そこから頭が回転し始めました。もしものときは、恥ずかしがらずに使ってみてくださいね（笑）。

世界基準のスピーチ

フリーズしたら、即行動！

話し手のテクニック30

「すごく疲れてない……？」（セルフケアメソッド）

いよいよ最後の項目になりました。さすがに皆さんも、ちょっとお疲れではありませんか？　そんなタイミングだからこそ、この項目のテーマは「話し手の疲れ」とそれを癒す方法です。

話し手の疲れは、聞き手には敏感に伝わります。「なんだか今日の○○さん、とても疲れてるみたい……」なんて感じさせせたら、聞き手は話に集中できません。それは話し手としては避けたいですよね？

私は疲労で高熱があっても、「脳内リセット」という技術で外見ではまったく分からないようにできます。これは瞑想の一種で、短時間で脳の髄液の汚れが排出され、スッキリ疲れが取れるというもの。やり方は次の通りです。

脳内リセットの方法

1. 椅子に座って、目を閉じる
2. ただ、呼吸する
3. そのまま15分くらい続ける

なお、この脳内リセットの最中に寝てしまってもOKです。また、雑念が湧いても止めようとしなくて構いません。湧いてきた考えに「……って思ってるんだな～」をつけると、簡単に自分を客観視できます。

また、「言われた通りにやらなきゃ！」とアワアワする人は、あまり難しい瞑想方法を試したり、誘導音声を使ったりしない方がいいでしょう。これくらいのゆるーい瞑想で十分効果はあります。

話し手としての基礎体力をつけよう！

もうひとつ、話し手の皆さんにおすすめしたいのが有酸素運動の習慣です。この習慣をつけると、とても疲れにくくなるからです。

まず、米軍のランニング光景を思い出してみてください。いつも歌を歌いながら走っていませんか？　あれが正しい有酸素運動で、歌が歌える程度の運動が「有酸素運動」なのです。

エアロバイクでもジョギングでも方法はなんでもいいですが、歌いながらできるくらいの強度にしてください。有酸素運動で全身、特に脳にきれいな酸素を送ることがスピーカーには大切です。

とにかく、スピーカーは筋肉を鍛えるよりも有酸素運動が大事です（鼻歌混じりにバーベルを上げられるならOKですが……）。

ちなみに、私がスピーカー・トレーニングでやっているトレーニングはメチャクチャきついです（笑）。アメリカ海軍で使われているもので、YouTubeで「フィットテスト」で検索すると出てきます。

ただ、こういうきつい運動もトレーナー・ステートに入ってやると楽になるんですよね。もし、やる気があればチャレンジしてみてください！

世界基準のスピーチ

スピーカーは体力勝負！　有酸素運動の習慣を持とう！

あとがき

人を教え、導くリーダーたちに伝えたいこと

はい！　ここまでお読みいただき、誠にありがとうございました‼

とにかく本書にはスピーチ・トレーナーとしての私の経験や知識、さまざまなノウハウを詰め込みました。いきなり全部使いこなそうとすると頭がパンクするので、できるところから日頃のスピーチに取り入れてくださいね。

もし、本書を読んで本格的にスピーチを学びたいと思われた方、スピーチ・トレーナーという仕事に興味を持たれた方は、巻末にご紹介する各種セミナーや講演会にぜひ参加してみてください。

実は本書でご紹介したテクニックの他にも、「ネステッドループ」や「チェーンアンカー」など、さらなる大技（？）があるんですよ～。本書を読んだあなたと、直接お会いできるのをめちゃくちゃ楽しみにしています‼

さて……もう何年も前のことですが、学習塾の講師をやっていた時期がありますす（まだ本格的にスピーチ・テクニックを学ぶ前のことです）。この頃から私は、

子どもたちが授業に集中できるよう本書で紹介したさまざまなテクニックを無意識に使っていました。

そんな当時、子ども達を送迎するバスの運転手さんや塾の経営者の方に「石井先生の授業は子ども達がみんな楽しそうだよね～。イキイキしてるから、『あっ、今日は石井先生の授業だったんだな』ってすぐ分かるよ」と言われたことがあります。

今にして思うのは、「子どもが勉強に集中できない」のは教える側（話し手）の「話す力」の問題だった……ということです。教える側が子ども達に「新しいことを学んだ！」「新しいことができた！」という実感を持たせることさえできていれば、子ども達はどんどんイキイキし、自分から勝手に学ぼうと成長していくものなのです。

「教える・伝える」という行為は教育機関や企業だけでなく、各家庭の中にも存在します。だからこそ、本書でご紹介したテクニックや考え方が全国のさまざまな「教える立場の方」に届いてほしいと願っています。そうすればより一層、日本の未来は明るくなることでしょう！

本書の出版にあたっては全面監修してくださった遠藤貴則さん（法廷臨床心理学博士・米国統合心理学協会式ＮＬＰマスタートレーナー）、編集協力してくださった関和幸さん、フローラル出版の植田隼人さん、津嶋栄さん各位に大変お世話になりました！　心から感謝申し上げます。

また、最後になりましたが、日頃からお世話になっているすべての方に最大限の感謝を送りつつ……筆を置きたいと思います。

２０２５年４月

読者の皆様へ心からの愛を込めて

株式会社 Earth space 代表取締役

石井光枝

石井光枝
（いしい・みつえ）

株式会社 Earth space 代表取締役。脳力開発の専門家。一般社団法人思考クリアリング® 協会 代表理事。

「人は、本来持つ力を開花させたとき、本当に輝く。」

この信念のもと、心理学・統合心理学・量子力学・脳科学を融合した独自のメソッド「思考クリアリング®」を確立。人の思考をクリアにし、可能性を最大限に引き出すことで、個人の成長だけでなく、周囲にも良い影響を生み出すことを使命としている。

日本国内外での登壇実績を誇り、ロバート・キヨサキ、ブレア・シンガー、Dr. ジョン・F・ディマティーニなど世界的なリーダーとの共演も多数。ビジネスセミナー、コミュニケーション研修、スピーチトレーニングなど多岐にわたる分野で指導を行い、実践的なメソッドを提供。

「喋り方ひとつで、相手の心は動く。」をテーマに、プレゼンテーションや対話を通じて影響力を高めるための技術を体系化。セミナーや企業研修では、単なる喋り方のスキルではなく、聞き手の「感情」と「行動」を引き出す本質的なアプローチを指導している。

特典

本書を最後までお読みいただきありがとうございます。
このトレーニングマニュアルでご紹介したテクニックを
実践する際に役立つプレゼントをご用意いたしました。
ぜひご活用くださいませ。

特典 1

【記憶に残る】心を揺さぶる情熱的なプレゼンで
相手を即行動させる
一流スピーカーのマインドセット

特典 2

コレを知れば、プレゼンが輝く！
効率よく伝えるための
VAKAd 簡易診断テスト

特典 3

【理解を最大化】聴衆の集中力を高める
ボディランゲージ術解説動画

大勢の前で話さなければいけないあなたへ
～スピーカートレーニングマニュアル～

2025年4月29日　初版第1刷発行
2025年5月9日　　　第2刷発行

著　者	石井　光枝
発行者	津嶋　栄
発　行	株式会社日本経営センター（フローラル出版） 〒171-0022 東京都豊島区南池袋1-9-18 GOGOオフィス池袋250号室 TEL　03-6328-3705（代表）
メールアドレス	order@floralpublish.com
出版プロデュース	株式会社日本経営センター
監修	遠藤　貴則（法廷臨床心理学博士・米国統合心理学協会式NLPマスタートレーナー）
編集・企画プロデュース	植田　隼人（Blue Bird）
編集協力	関　和幸
印刷・製本	株式会社ティーケー出版印刷
装丁・本文デザイン	斉藤　よしのぶ
デザイン協力	株式会社　デジタルプレス

乱丁・落丁はお取替えいたします。ただし、古書店等で購入したものに関してはお取替えできません。
定価はカバーに表示してあります。本書の無断転写・転載・引用を禁じます。
@Mitsue Ishii / Japan Management Center.,Ltd.2025 Printed in Japan
ISBN 978-4-910017-63-1　C0030